INGLÊS
VOCABULÁRIO

PORTUGUÊS BRASILEIRO

PORTUGUÊS
INGLÊS BRITÂNICO

Para alargar o seu léxico e apurar
as suas competências linguísticas

5000 palavras

Vocabulário Português Brasileiro-Inglês britânico - 5000 palavras

Por Andrey Taranov

Os vocabulários da T&P Books destinam-se a ajudar a aprender, a memorizar, e a rever palavras estrangeiras. O dicionário é dividido em temas, cobrindo todas as principais esferas de atividades quotidianas, negócios, ciência, cultura, etc.

O processo de aprendizagem, utilizando os dicionários baseados em temáticas da T&P Books dá-lhe as seguintes vantagens:

*   Informação de origem corretamente agrupada predetermina o sucesso em fases subsequentes da memorização de palavras
*   Disponibilização de palavras derivadas da mesma raiz, o que permite a memorização de unidades de texto (em vez de palavras separadas)
*   Pequenas unidades de palavras facilitam o processo de estabelecimento de vínculos associativos necessários para a consolidação do vocabulário
*   O nível de conhecimento da língua pode ser estimado pelo número de palavras aprendidas

T&P Books Publishing
www.tpbooks.com

ISBN: 978-1-78767-359-5

Este livro também está disponível em formato E-book.
Por favor visite www.tpbooks.com ou as principais livrarias on-line.

VOCABULÁRIO INGLÊS BRITÂNICO
palavras mais úteis

Os vocabulários da T&P Books destinam-se a ajudar a aprender, a memorizar, e a rever palavras estrangeiras. O vocabulário contém mais de 5000 palavras de uso comum organizadas tematicamente.

O vocabulário contém as palavras mais comummente usadas
Recomendado como adicional para qualquer curso de línguas
Satisfaz as necessidades dos iniciados e dos alunos avançados de línguas estrangeiras
Conveniente para o uso diário, sessões de revisão e atividades de auto-teste
Permite avaliar o seu vocabulário

Características especias do vocabulário

* As palavras estão organizadas de acordo com o seu significado, e não por ordem alfabética
* As palavras são apresentadas em três colunas para facilitar os processos de revisão e auto-teste
* As palavras compostas são divididas em pequenos blocos para facilitar o processo de aprendizagem
* O vocabulário oferece uma transcrição simples e adequada de cada palavra estrangeira

O vocabulário contém 155 tópicos incluindo:

Conceitos básicos, Números, Cores, Meses, Estações do ano, Unidades de medida, Roupas & Acessórios, Alimentos & Nutrição, Restaurante, Membros da Família, Parentes, Caráter, Sentimentos, Emoções, Doenças, Cidade, Passeios, Compras, Dinheiro, Casa, Lar, Escritório, Trabalho no Escritório, Importação & Exportação, Marketing, Pesquisa de Emprego, Esportes, Educação, Computador, Internet, Ferramentas, Natureza, Países, Nacionalidades e muito mais ...

TABELA DE CONTEÚDOS

GUIA DE PRONUNCIAÇÃO

Letra	Exemplo Inglês britânico	Alfabeto fonético T&P	Exemplo Português
a	age	[eɪ]	seis
a	bag	[æ]	semana
a	car	[ɑ:]	rapaz
a	care	[eə]	fêmea
e	meat	[i:]	cair
e	pen	[e]	metal
e	verb	[ɜ]	minhoca
e	here	[ɪə]	variedade
i	life	[aj]	baixar
i	sick	[ɪ]	sinônimo
i	girl	[ø]	orgulhoso
i	fire	[ajə]	flyer
o	rose	[əʊ]	réu
o	shop	[ɒ]	chamar
o	sport	[ɔ:]	emboço
o	ore	[ɔ:]	emboço
u	to include	[u:]	blusa
u	sun	[ʌ]	fax
u	church	[ɜ]	minhoca
u	pure	[ʊə]	adoecer
y	to cry	[aj]	baixar
y	system	[ɪ]	sinônimo
y	Lyre	[ajə]	flyer
y	party	[ɪ]	sinônimo

Consoantes

b	bar	[b]	barril
c	city	[s]	sanita
c	clay	[k]	aquilo
d	day	[d]	dentista
f	face	[f]	safári
g	geography	[dʒ]	adjetivo
g	glue	[g]	gosto
h	home	[h]	[h] aspirada
j	joke	[dʒ]	adjetivo
k	king	[k]	aquilo

Letra	Exemplo Inglês britânico	Alfabeto fonético T&P	Exemplo Português
l	love	[l]	libra
m	milk	[m]	magnólia
n	nose	[n]	natureza
p	pencil	[p]	presente
q	queen	[k]	aquilo
r	rose	[r]	riscar
s	sleep	[s]	sanita
s	please	[z]	sésamo
s	pleasure	[ʒ]	talvez
t	table	[t]	tulipa
v	velvet	[v]	fava
w	winter	[w]	página web
x	ox	[ks]	perplexo
x	exam	[gz]	Yangtzé
z	azure	[ʒ]	talvez
z	zebra	[z]	sésamo

Combinações de letras

ch	China	[ʧ]	Tchau!
ch	chemistry	[k]	aquilo
ch	machine	[ʃ]	mês
sh	ship	[ʃ]	mês
th	weather	[ð]	[z] - fricativa dental sonora não-sibilante
th	tooth	[θ]	[s] - fricativa dental surda não-sibilante
ph	telephone	[f]	safári
ck	black	[k]	aquilo
ng	ring	[ŋ]	alcançar
ng	English	[ŋ]	alcançar
wh	white	[w]	página web
wh	whole	[h]	[h] aspirada
wr	wrong	[r]	[r] vibrante
gh	enough	[f]	safári
gh	sign	[n]	natureza
kn	knife	[n]	natureza
qu	question	[kv]	aquário
tch	catch	[ʧ]	Tchau!
oo+k	book	[ʊ]	bonita
oo+r	door	[ɔ:]	emboço
ee	tree	[i:]	cair
ou	house	[aʊ]	produção
ou+r	our	[aʊə]	similar - Espanhol 'cacahuete'
ay	today	[eɪ]	seis
ey	they	[eɪ]	seis

ABREVIATURAS
usadas no vocabulário

Abreviaturas do Português

adj	-	adjetivo
adv	-	advérbio
anim.	-	animado
conj.	-	conjunção
desp.	-	esporte
etc.	-	Etcetera
ex.	-	por exemplo
f	-	nome feminino
f pl	-	feminino plural
fem.	-	feminino
inanim.	-	inanimado
m	-	nome masculino
m pl	-	masculino plural
m, f	-	masculino, feminino
masc.	-	masculino
mat.	-	matemática
mil.	-	militar
pl	-	plural
prep.	-	preposição
pron.	-	pronome
sb.	-	sobre
sing.	-	singular
v aux	-	verbo auxiliar
vi	-	verbo intransitivo
vi, vt	-	verbo intransitivo, transitivo
vr	-	verbo reflexivo
vt	-	verbo transitivo

Abreviaturas do Inglês britânico

sb	-	alguém
sth	-	algo
v aux	-	verbo auxiliar
vi	-	verbo intransitivo
vi, vt	-	verbo intransitivo, transitivo
vt	-	verbo transitivo

CONCEITOS BÁSICOS

Conceitos básicos. Parte 1

1. Pronomes

eu	I, me	[aɪ], [miː]
você	you	[juː]
ele	he	[hiː]
ela	she	[ʃiː]
ele, ela (neutro)	it	[ɪt]
nós	we	[wiː]
vocês	you	[juː]
eles, elas	they	[ðeɪ]

2. Cumprimentos. Saudações. Despedidas

Oi!	Hello!	[həˈləʊ]
Olá!	Hello!	[həˈləʊ]
Bom dia!	Good morning!	[gʊd ˈmɔːnɪŋ]
Boa tarde!	Good afternoon!	[gʊd ˌɑːftəˈnuːn]
Boa noite!	Good evening!	[gʊd ˈiːvnɪŋ]
cumprimentar (vt)	to say hello	[tə seɪ həˈləʊ]
Oi!	Hi!	[haɪ]
saudação (f)	greeting	[ˈgriːtɪŋ]
saudar (vt)	to greet (vt)	[tə griːt]
Tudo bem?	How are you?	[ˌhaʊ ə ˈjuː]
E aí, novidades?	What's new?	[ˌwɒts ˈnjuː]
Tchau! Até logo!	Bye-Bye! Goodbye!	[baɪ-baɪ], [gʊdˈbaɪ]
Até breve!	See you soon!	[ˈsiː ju ˌsuːn]
Adeus!	Goodbye!	[gʊdˈbaɪ]
despedir-se (dizer adeus)	to say goodbye	[tə seɪ gʊdˈbaɪ]
Até mais!	Cheers!	[ʧɪəz]
Obrigado! -a!	Thank you!	[ˈθæŋk juː]
Muito obrigado! -a!	Thank you very much!	[ˈθæŋk ju ˈverɪ mʌʧ]
De nada	My pleasure!	[maɪ ˈpleʒə(r)]
Não tem de quê	Don't mention it!	[ˌdəʊnt ˈmenʃən ɪt]
Desculpa! -pe!	Excuse me!	[ɪkˈskjuːz miː]
desculpar (vt)	to excuse (vt)	[tə ɪkˈskjuːz]
desculpar-se (vr)	to apologize (vi)	[tə əˈpɒlədʒaɪz]
Me desculpe	My apologies.	[maɪ əˈpɒlədʒɪz]

Desculpe!	I'm sorry!	[aɪm 'sɒrɪ]
Não faz mal	It's okay!	[ɪts ˌəʊ'keɪ]
por favor	please	[pli:z]

Não se esqueça!	Don't forget!	[ˌdəʊnt fə'get]
Com certeza!	Certainly!	['sɜ:tənlɪ]
Claro que não!	Of course not!	[əv ˌkɔ:s 'nɒt]
Está bem! De acordo!	Okay!	[ˌəʊ'keɪ]
Chega!	That's enough!	[ðæts ɪ'nʌf]

3. Como se dirigir a alguém

senhor	mister, sir	['mɪstə], [sɜ:]
senhora	madam	['mædəm]
senhorita	miss	[mɪs]
jovem	young man	[jʌŋ mæn]
menino	young man	[jʌŋ mæn]
menina	miss	[mɪs]

4. Números cardinais. Parte 1

zero	zero	['zɪərəʊ]
um	one	[wʌn]
dois	two	[tu:]
três	three	[θri:]
quatro	four	[fɔ:(r)]

cinco	five	[faɪv]
seis	six	[sɪks]
sete	seven	['sevən]
oito	eight	[eɪt]
nove	nine	[naɪn]

dez	ten	[ten]
onze	eleven	[ɪ'levən]
doze	twelve	[twelv]
treze	thirteen	[ˌθɜ:'ti:n]
catorze	fourteen	[ˌfɔ:'ti:n]

quinze	fifteen	[fɪf'ti:n]
dezesseis	sixteen	[sɪks'ti:n]
dezessete	seventeen	[ˌsevən'ti:n]
dezoito	eighteen	[ˌeɪ'ti:n]
dezenove	nineteen	[ˌnaɪn'ti:n]

vinte	twenty	['twentɪ]
vinte e um	twenty-one	['twentɪ ˌwʌn]
vinte e dois	twenty-two	['twentɪ ˌtu:]
vinte e três	twenty-three	['twentɪ ˌθri:]

| trinta | thirty | ['θɜ:tɪ] |
| trinta e um | thirty-one | ['θɜ:tɪ ˌwʌn] |

| trinta e dois | thirty-two | ['θɜ:tɪ ˌtu:] |
| trinta e três | thirty-three | ['θɜ:tɪ ˌθri:] |

quarenta	forty	['fɔ:tɪ]
quarenta e um	forty-one	['fɔ:tɪˌwʌn]
quarenta e dois	forty-two	['fɔ:tɪˌtu:]
quarenta e três	forty-three	['fɔ:tɪˌθri:]

cinquenta	fifty	['fɪftɪ]
cinquenta e um	fifty-one	['fɪftɪ ˌwʌn]
cinquenta e dois	fifty-two	['fɪftɪ ˌtu:]
cinquenta e três	fifty-three	['fɪftɪ ˌθri:]

sessenta	sixty	['sɪkstɪ]
sessenta e um	sixty-one	['sɪkstɪ ˌwʌn]
sessenta e dois	sixty-two	['sɪkstɪ ˌtu:]
sessenta e três	sixty-three	['sɪkstɪ ˌθri:]

setenta	seventy	['sevəntɪ]
setenta e um	seventy-one	['sevəntɪ ˌwʌn]
setenta e dois	seventy-two	['sevəntɪ ˌtu:]
setenta e três	seventy-three	['sevəntɪ ˌθri:]

oitenta	eighty	['eɪtɪ]
oitenta e um	eighty-one	['eɪtɪ ˌwʌn]
oitenta e dois	eighty-two	['eɪtɪ ˌtu:]
oitenta e três	eighty-three	['eɪtɪ ˌθri:]

noventa	ninety	['naɪntɪ]
noventa e um	ninety-one	['naɪntɪ ˌwʌn]
noventa e dois	ninety-two	['naɪntɪ ˌtu:]
noventa e três	ninety-three	['naɪntɪ ˌθri:]

5. Números cardinais. Parte 2

cem	one hundred	[ˌwʌn 'hʌndrəd]
duzentos	two hundred	[tu 'hʌndrəd]
trezentos	three hundred	[θri: 'hʌndrəd]
quatrocentos	four hundred	[ˌfɔ: 'hʌndrəd]
quinhentos	five hundred	[ˌfaɪv 'hʌndrəd]

seiscentos	six hundred	[sɪks 'hʌndrəd]
setecentos	seven hundred	['sevən 'hʌndrəd]
oitocentos	eight hundred	[eɪt 'hʌndrəd]
novecentos	nine hundred	[ˌnaɪn 'hʌndrəd]

mil	one thousand	[ˌwʌn 'θaʊzənd]
dois mil	two thousand	[tu 'θaʊzənd]
três mil	three thousand	[θri: 'θaʊzənd]
dez mil	ten thousand	[ten 'θaʊzənd]
cem mil	one hundred thousand	[ˌwʌn 'hʌndrəd 'θaʊzənd]

| um milhão | million | ['mɪljən] |
| um bilhão | billion | ['bɪljən] |

6. Números ordinais

primeiro (adj)	**first**	[fɜːst]
segundo (adj)	**second**	['sekənd]
terceiro (adj)	**third**	[θɜːd]
quarto (adj)	**fourth**	[fɔːθ]
quinto (adj)	**fifth**	[fɪfθ]
sexto (adj)	**sixth**	[sɪksθ]
sétimo (adj)	**seventh**	['sevənθ]
oitavo (adj)	**eighth**	[eɪtθ]
nono (adj)	**ninth**	[naɪnθ]
décimo (adj)	**tenth**	[tenθ]

7. Números. Frações

fração (f)	**fraction**	['frækʃən]
um meio	**one half**	[ˌwʌn 'hɑːf]
um terço	**one third**	[wʌn θɜːd]
um quarto	**one quarter**	[wʌn 'kwɔːtə(r)]
um oitavo	**one eighth**	[wʌn 'eɪtθ]
um décimo	**one tenth**	[wʌn tenθ]
dois terços	**two thirds**	[tu θɜːdz]
três quartos	**three quarters**	[θriː 'kwɔːtəz]

8. Números. Operações básicas

subtração (f)	**subtraction**	[səb'trækʃən]
subtrair (vi, vt)	**to subtract** (vi, vt)	[tə səb'trækt]
divisão (f)	**division**	[dɪ'vɪʒən]
dividir (vt)	**to divide** (vt)	[tə dɪ'vaɪd]
adição (f)	**addition**	[ə'dɪʃən]
somar (vt)	**to add up** (vt)	[tə æd 'ʌp]
adicionar (vt)	**to add** (vi, vt)	[tə æd]
multiplicação (f)	**multiplication**	[ˌmʌltɪplɪ'keɪʃən]
multiplicar (vt)	**to multiply** (vt)	[tə 'mʌltɪplaɪ]

9. Números. Diversos

algarismo, dígito (m)	**figure**	['fɪɡə(r)]
número (m)	**number**	['nʌmbə(r)]
numeral (m)	**numeral**	['njuːmərəl]
menos (m)	**minus sign**	['maɪnəs saɪn]
mais (m)	**plus sign**	[plʌs saɪn]
fórmula (f)	**formula**	['fɔːmjʊlə]
cálculo (m)	**calculation**	[ˌkælkjʊ'leɪʃən]
contar (vt)	**to count** (vi, vt)	[tə kaʊnt]

comparar (vt)	to compare (vt)	[tə kəm'peə(r)]
Quanto?	How much?	[ˌhaʊ 'mʌtʃ]
Quantos? -as?	How many?	[ˌhaʊ 'menɪ]

soma (f)	sum, total	[sʌm], ['təʊtəl]
resultado (m)	result	[rɪ'zʌlt]
resto (m)	remainder	[rɪ'meɪndə(r)]

alguns, algumas ...	a few ...	[ə fju:]
pouco (~ tempo)	little	['lɪtəl]
resto (m)	the rest	[ðə rest]
um e meio	one and a half	['wʌn ənd ə ˌhɑːf]
dúzia (f)	dozen	['dʌzən]

ao meio	in half	[ɪn 'hɑːf]
em partes iguais	equally	['iːkwəlɪ]
metade (f)	half	[hɑːf]
vez (f)	time	[taɪm]

10. Os verbos mais importantes. Parte 1

abrir (vt)	to open (vt)	[tə 'əʊpən]
acabar, terminar (vt)	to finish (vt)	[tə 'fɪnɪʃ]
aconselhar (vt)	to advise (vt)	[tə əd'vaɪz]
adivinhar (vt)	to guess (vt)	[tə ges]
advertir (vt)	to warn (vt)	[tə wɔːn]

ajudar (vt)	to help (vt)	[tə help]
almoçar (vi)	to have lunch	[tə hæv lʌntʃ]
alugar (~ um apartamento)	to rent (vt)	[tə rent]
amar (pessoa)	to love (vt)	[tə lʌv]
ameaçar (vt)	to threaten (vt)	[tə 'θretən]

anotar (escrever)	to write down	[tə ˌraɪt 'daʊn]
apressar-se (vr)	to hurry (vi)	[tə 'hʌrɪ]
arrepender-se (vr)	to regret (vi)	[tə rɪ'gret]
assinar (vt)	to sign (vt)	[tə saɪn]
brincar (vi)	to joke (vi)	[tə dʒəʊk]

brincar, jogar (vi, vt)	to play (vi)	[tə pleɪ]
buscar (vt)	to look for ...	[tə lʊk fɔː(r)]
caçar (vi)	to hunt (vi, vt)	[tə hʌnt]
cair (vi)	to fall (vi)	[tə fɔːl]
cavar (vt)	to dig (vt)	[tə dɪg]
chamar (~ por socorro)	to call (vt)	[tə kɔːl]

chegar (vi)	to arrive (vi)	[tə ə'raɪv]
chorar (vi)	to cry (vi)	[tə kraɪ]
começar (vt)	to begin (vt)	[tə bɪ'gɪn]
comparar (vt)	to compare (vt)	[tə kəm'peə(r)]
concordar (dizer "sim")	to agree (vi)	[tə ə'griː]

| confiar (vt) | to trust (vt) | [tə trʌst] |
| confundir (equivocar-se) | to confuse, to mix up (vt) | [tə kən'fjuːz], [tə mɪks ʌp] |

conhecer (vt)	to know (vt)	[tə nəʊ]
contar (fazer contas)	to count (vt)	[tə kaʊnt]
contar com ...	to count on ...	[tə kaʊnt ɒn]
continuar (vt)	to continue (vt)	[tə kən'tɪnjuː]

controlar (vt)	to control (vt)	[tə kən'trəʊl]
convidar (vt)	to invite (vt)	[tə ɪn'vaɪt]
correr (vi)	to run (vi)	[tə rʌn]
criar (vt)	to create (vt)	[tə kriː'eɪt]
custar (vt)	to cost (vt)	[tə kɒst]

11. Os verbos mais importantes. Parte 2

dar (vt)	to give (vt)	[tə gɪv]
dar uma dica	to give a hint	[tə gɪv ə hɪnt]
decorar (enfeitar)	to decorate (vt)	[tə 'dekəreɪt]
defender (vt)	to defend (vt)	[tə dɪ'fend]
deixar cair (vt)	to drop (vt)	[tə drɒp]

descer (para baixo)	to come down	[tə kʌm daʊn]
desculpar (vt)	to excuse (vt)	[tə ɪk'skjuːz]
dirigir (~ uma empresa)	to run, to manage	[tə rʌn], [tə 'mænɪdʒ]
discutir (notícias, etc.)	to discuss (vt)	[tə dɪs'kʌs]

disparar, atirar (vi)	to shoot (vi)	[tə ʃuːt]
dizer (vt)	to say (vt)	[tə seɪ]
duvidar (vt)	to doubt (vi)	[tə daʊt]
encontrar (achar)	to find (vt)	[tə faɪnd]
enganar (vt)	to deceive (vi, vt)	[tə dɪ'siːv]

entender (vt)	to understand (vt)	[tə,ʌndə'stænd]
entrar (na sala, etc.)	to enter (vt)	[tə 'entə(r)]
enviar (uma carta)	to send (vt)	[tə send]
errar (enganar-se)	to make a mistake	[tə meɪk ə mɪ'steɪk]
escolher (vt)	to choose (vt)	[tə tʃuːz]

esconder (vt)	to hide (vt)	[tə haɪd]
escrever (vt)	to write (vt)	[tə raɪt]
esperar (aguardar)	to wait (vt)	[tə weɪt]
esperar (ter esperança)	to hope (vi, vt)	[tə həʊp]
esquecer (vt)	to forget (vi, vt)	[tə fə'get]

estudar (vt)	to study (vt)	[tə 'stʌdɪ]
exigir (vt)	to demand (vt)	[tə dɪ'mɑːnd]
existir (vi)	to exist (vi)	[tə ɪg'zɪst]
explicar (vt)	to explain (vt)	[tə ɪk'spleɪn]

falar (vi)	to speak (vi, vt)	[tə spiːk]
faltar (a la escuela, etc.)	to miss (vt)	[tə mɪs]
fazer (vt)	to do (vt)	[tə duː]
ficar em silêncio	to keep silent	[tə kiːp 'saɪlənt]
gabar-se (vr)	to boast (vi)	[tə bəʊst]
gostar (apreciar)	to fancy (vt)	[tə 'fænsɪ]
gritar (vi)	to shout (vi)	[tə ʃaʊt]

guardar (fotos, etc.)	to keep (vt)	[tə kiːp]
informar (vt)	to inform (vt)	[tə ɪnˈfɔːm]
insistir (vi)	to insist (vi, vt)	[tə ɪnˈsɪst]

insultar (vt)	to insult (vt)	[tə ɪnˈsʌlt]
interessar-se (vr)	to be interested in …	[tə bi ˈɪntrestɪd ɪn]
ir (a pé)	to go (vi)	[tə gəʊ]
ir nadar	to go for a swim	[tə gəʊ fɔrə swɪm]
jantar (vi)	to have dinner	[tə hæv ˈdɪnə(r)]

12. Os verbos mais importantes. Parte 3

ler (vt)	to read (vi, vt)	[tə riːd]
libertar, liberar (vt)	to liberate (vt)	[tə ˈlɪbəreɪt]
matar (vt)	to kill (vt)	[tə kɪl]
mencionar (vt)	to mention (vt)	[tə ˈmenʃən]
mostrar (vt)	to show (vt)	[tə ʃəʊ]

mudar (modificar)	to change (vt)	[tə ʧeɪndʒ]
nadar (vi)	to swim (vi)	[tə swɪm]
negar-se a … (vr)	to refuse (vi, vt)	[tə rɪˈfjuːz]
objetar (vt)	to object (vi, vt)	[tə əbˈdʒekt]

observar (vt)	to observe (vt)	[tə əbˈzɜːv]
ordenar (mil.)	to order (vi, vt)	[tə ˈɔːdə(r)]
ouvir (vt)	to hear (vt)	[tə hɪə(r)]
pagar (vt)	to pay (vi, vt)	[tə peɪ]
parar (vi)	to stop (vi)	[tə stɒp]

parar, cessar (vt)	to stop (vt)	[tə stɒp]
participar (vi)	to participate (vi)	[tə pɑːˈtɪsɪpeɪt]
pedir (comida, etc.)	to order (vt)	[tə ˈɔːdə(r)]
pedir (um favor, etc.)	to ask (vt)	[tə ɑːsk]
pegar (tomar)	to take (vt)	[tə teɪk]

pegar (uma bola)	to catch (vt)	[tə kæʧ]
pensar (vi, vt)	to think (vi, vt)	[tə θɪŋk]
perceber (ver)	to notice (vt)	[tə ˈnəʊtɪs]
perdoar (vt)	to forgive (vt)	[tə fəˈgɪv]
perguntar (vt)	to ask (vt)	[tə ɑːsk]

permitir (vt)	to permit (vt)	[tə pəˈmɪt]
pertencer a … (vi)	to belong to …	[tə bɪˈlɒŋ tuː]
planejar (vt)	to plan (vt)	[tə plæn]
poder (~ fazer algo)	can (v aux)	[kæn]
possuir (uma casa, etc.)	to own (vt)	[tə əʊn]

preferir (vt)	to prefer (vt)	[tə prɪˈfɜː(r)]
preparar (vt)	to cook (vt)	[tə kʊk]
prever (vt)	to expect (vt)	[tə ɪkˈspekt]
prometer (vt)	to promise (vt)	[tə ˈprɒmɪs]
pronunciar (vt)	to pronounce (vt)	[tə prəˈnaʊns]
propor (vt)	to propose (vt)	[tə prəˈpəʊz]
punir (castigar)	to punish (vt)	[tə ˈpʌnɪʃ]

quebrar (vt)	to break (vt)	[tə breɪk]
queixar-se de …	to complain (vi, vt)	[tə kəm'pleɪn]
querer (desejar)	to want (vt)	[tə wɒnt]

13. Os verbos mais importantes. Parte 4

ralhar, repreender (vt)	to scold (vt)	[tə skəʊld]
recomendar (vt)	to recommend (vt)	[tə ˌrekə'mend]
repetir (dizer outra vez)	to repeat (vt)	[tə rɪ'piːt]
reservar (~ um quarto)	to reserve, to book	[tə rɪ'zɜːv], [tə bʊk]
responder (vt)	to answer (vi, vt)	[tə 'ɑːnsə(r)]

rezar, orar (vi)	to pray (vi, vt)	[tə preɪ]
rir (vi)	to laugh (vi)	[tə lɑːf]
roubar (vt)	to steal (vt)	[tə stiːl]
saber (vt)	to know (vt)	[tə nəʊ]
sair (~ de casa)	to go out	[tə gəʊ aʊt]

salvar (resgatar)	to save, to rescue	[tə seɪv], [tə 'reskjuː]
seguir (~ alguém)	to follow …	[tə 'fɒləʊ]
sentar-se (vr)	to sit down (vi)	[tə sɪt daʊn]
ser necessário	to be needed	[tə bi 'niːdɪd]

ser, estar	to be (vi)	[tə biː]
significar (vt)	to mean (vt)	[tə miːn]
sorrir (vi)	to smile (vi)	[tə smaɪl]
subestimar (vt)	to underestimate (vt)	[tə ˌʌndə'restɪmeɪt]
surpreender-se (vr)	to be surprised	[tə bi sə'praɪzd]

tentar (~ fazer)	to try (vt)	[tə traɪ]
ter (vt)	to have (vt)	[tə hæv]
ter fome	to be hungry	[tə bi 'hʌŋgrɪ]

ter medo	to be afraid	[tə bi ə'freɪd]
ter sede	to be thirsty	[tə bi 'θɜːstɪ]
tocar (com as mãos)	to touch (vt)	[tə tʌtʃ]
tomar café da manhã	to have breakfast	[tə hæv 'brekfəst]
trabalhar (vi)	to work (vi)	[tə wɜːk]
traduzir (vt)	to translate (vt)	[tə træns'leɪt]

unir (vt)	to unite (vt)	[tə juː'naɪt]
vender (vt)	to sell (vt)	[tə sel]
ver (vt)	to see (vt)	[tə siː]
virar (~ para a direita)	to turn (vi)	[tə tɜːn]
voar (vi)	to fly (vi)	[tə flaɪ]

14. Cores

cor (f)	colour	['kʌlə(r)]
tom (m)	shade	[ʃeɪd]
tonalidade (m)	hue	[hjuː]
arco-íris (m)	rainbow	['reɪnbəʊ]

branco (adj)	white	[waɪt]
preto (adj)	black	[blæk]
cinza (adj)	grey	[greɪ]

verde (adj)	green	[griːn]
amarelo (adj)	yellow	['jeləʊ]
vermelho (adj)	red	[red]

azul (adj)	blue	[bluː]
azul claro (adj)	light blue	[ˌlaɪt 'bluː]
rosa (adj)	pink	[pɪŋk]
laranja (adj)	orange	['ɒrɪndʒ]
violeta (adj)	violet	['vaɪələt]
marrom (adj)	brown	[braʊn]

| dourado (adj) | golden | ['gəʊldən] |
| prateado (adj) | silvery | ['sɪlvərɪ] |

bege (adj)	beige	[beɪʒ]
creme (adj)	cream	[kriːm]
turquesa (adj)	turquoise	['tɜːkwɔɪz]
vermelho cereja (adj)	cherry red	['tʃerɪ red]
lilás (adj)	lilac	['laɪlək]
carmim (adj)	crimson	['krɪmzən]

claro (adj)	light	[laɪt]
escuro (adj)	dark	[dɑːk]
vivo (adj)	bright	[braɪt]

de cor	coloured	['kʌləd]
a cores	colour	['kʌlə(r)]
preto e branco (adj)	black-and-white	[blæk ən waɪt]
unicolor (de uma só cor)	plain, one-coloured	[pleɪn], [ˌwʌn'kʌləd]
multicolor (adj)	multicoloured	['mʌltɪˌkʌləd]

15. Questões

Quem?	Who?	[huː]
O que?	What?	[wɒt]
Onde?	Where?	[weə]
Para onde?	Where?	[weə]
De onde?	From where?	[frɒm weə]
Quando?	When?	[wen]
Para quê?	Why?	[waɪ]

Para quê?	What for?	[wɒt fɔː(r)]
Como?	How?	[haʊ]
Qual (~ deles?)	Which?	[wɪtʃ]

A quem?	To whom?	[tə huːm]
De quem?	About whom?	[ə'baʊt ˌhuːm]
Do quê?	About what?	[ə'baʊt ˌwɒt]
Com quem?	With whom?	[wɪð 'huːm]
Quantos? -as?	How many?	[ˌhaʊ 'menɪ]

| Quanto? | How much? | [ˌhaʊ ˈmʌtʃ] |
| De quem (~ é isto?) | Whose? | [huːz] |

16. Preposições

com (prep.)	with	[wɪð]
sem (prep.)	without	[wɪˈðaʊt]
a, para (exprime lugar)	to	[tuː]
sobre (ex. falar ~)	about	[əˈbaʊt]
antes de …	before	[bɪˈfɔː(r)]
em frente de …	in front of …	[ɪn ˈfrʌnt əv]

debaixo de …	under	[ˈʌndə(r)]
sobre (em cima de)	above	[əˈbʌv]
em …, sobre …	on	[ɒn]
de, do (sou ~ Rio de Janeiro)	from	[frɒm]
de (feito ~ pedra)	of	[əv]

| em (~ 3 dias) | in | [ɪn] |
| por cima de … | over | [ˈəʊvə(r)] |

17. Palavras funcionais. Advérbios. Parte 1

Onde?	Where?	[weə]
aqui	here	[hɪə(r)]
lá, ali	there	[ðeə(r)]

| em algum lugar | somewhere | [ˈsʌmweə(r)] |
| em lugar nenhum | nowhere | [ˈnəʊweə(r)] |

| perto de … | by | [baɪ] |
| perto da janela | by the window | [baɪ ðə ˈwɪndəʊ] |

Para onde?	Where?	[weə]
aqui	here	[hɪə(r)]
para lá	there	[ðeə(r)]
daqui	from here	[frɒm hɪə(r)]
de lá, dali	from there	[frɒm ðeə(r)]

| perto | close | [kləʊs] |
| longe | far | [fɑː(r)] |

não fica longe	not far	[nɒt fɑː(r)]
esquerdo (adj)	left	[left]
à esquerda	on the left	[ɒn ðə left]
para a esquerda	to the left	[tə ðə left]

direito (adj)	right	[raɪt]
à direita	on the right	[ɒn ðə raɪt]
para a direita	to the right	[tə ðə raɪt]
em frente	in front	[ɪn frʌnt]
da frente	front	[frʌnt]

adiante (para a frente)	ahead	[ə'hed]
atrás de …	behind	[bɪ'haɪnd]
de trás	from behind	[frɒm bɪ'haɪnd]
para trás	back	[bæk]
meio (m), metade (f)	middle	['mɪdəl]
no meio	in the middle	[ɪn ðə 'mɪdəl]
do lado	at the side	[ət ðə saɪd]
em todo lugar	everywhere	['evrɪweə(r)]
por todos os lados	around	[ə'raʊnd]
de dentro	from inside	[frɒm ɪn'saɪd]
para algum lugar	somewhere	['sʌmweə(r)]
diretamente	straight	[streɪt]
de volta	back	[bæk]
de algum lugar	from anywhere	[frɒm 'enɪweə(r)]
de algum lugar	from somewhere	[frɒm 'sʌmweə(r)]
em primeiro lugar	firstly	['fɜ:stlɪ]
em segundo lugar	secondly	['sekəndlɪ]
em terceiro lugar	thirdly	['θɜ:dlɪ]
de repente	suddenly	['sʌdənlɪ]
no início	at first	[ət fɜ:st]
pela primeira vez	for the first time	[fɔ: ðə 'fɜ:st ˌtaɪm]
muito antes de …	long before …	[lɒŋ bɪ'fɔ:(r)]
para sempre	for good	[fɔ: 'gʊd]
nunca	never	['nevə(r)]
de novo	again	[ə'gen]
agora	now	[naʊ]
frequentemente	often	['ɒfən]
então	then	[ðen]
urgentemente	urgently	['ɜ:dʒəntlɪ]
normalmente	usually	['ju:ʒəlɪ]
a propósito, …	by the way, …	[baɪ ðə weɪ]
é possível	possibly	['pɒsəblɪ]
provavelmente	probably	['prɒbəblɪ]
talvez	maybe	['meɪbi:]
além disso, …	besides …	[bɪ'saɪdz]
por isso …	that's why …	[ðæts waɪ]
apesar de …	in spite of …	[ɪn 'spaɪt əv]
graças a …	thanks to …	['θæŋks tu:]
que (pron.)	what	[wɒt]
que (conj.)	that	[ðæt]
algo	something	['sʌmθɪŋ]
alguma coisa	anything, something	['enɪθɪŋ], ['sʌmθɪŋ]
nada	nothing	['nʌθɪŋ]
quem	who	[hu:]
alguém (~ que …)	someone	['sʌmwʌn]
alguém (com ~)	somebody	['sʌmbədɪ]

ninguém	nobody	['nəʊbədɪ]
para lugar nenhum	nowhere	['nəʊweə(r)]
de ninguém	nobody's	['nəʊbədɪz]
de alguém	somebody's	['sʌmbədɪz]

tão	so	[səʊ]
também (gostaria ~ de ...)	also	['ɔːlsəʊ]
também (~ eu)	too	[tuː]

18. Palavras funcionais. Advérbios. Parte 2

Por quê?	Why?	[waɪ]
por alguma razão	for some reason	[fɔː 'sʌm ˌriːzən]
porque ...	because ...	[bɪ'kɒz]

e (tu ~ eu)	and	[ænd]
ou (ser ~ não ser)	or	[ɔː(r)]
mas (porém)	but	[bʌt]
para (~ a minha mãe)	for	[fɔːr]

muito, demais	too	[tuː]
só, somente	only	['əʊnlɪ]
exatamente	exactly	[ɪg'zæktlɪ]
cerca de (~ 10 kg)	about	[ə'baʊt]

aproximadamente	approximately	[ə'prɒksɪmətlɪ]
aproximado (adj)	approximate	[ə'prɒksɪmət]
quase	almost	['ɔːlməʊst]
resto (m)	the rest	[ðə rest]

o outro (segundo)	the other	[ðə ʌðə(r)]
outro (adj)	other	['ʌðə(r)]
cada (adj)	each	[iːtʃ]
qualquer (adj)	any	['enɪ]
muitos, muitas	many	['menɪ]
muito	much	[mʌtʃ]
muitas pessoas	many people	[ˌmenɪ 'piːpəl]
todos	all	[ɔːl]

em troca de ...	in return for ...	[ɪn rɪ'tɜːn fɔː]
em troca	in exchange	[ɪn ɪks'tʃeɪndʒ]
à mão	by hand	[baɪ hænd]
pouco provável	hardly	['hɑːdlɪ]

provavelmente	probably	['prɒbəblɪ]
de propósito	on purpose	[ɒn 'pɜːpəs]
por acidente	by accident	[baɪ 'æksɪdənt]

muito	very	['verɪ]
por exemplo	for example	[fɔːr ɪg'zɑːmpəl]
entre	between	[bɪ'twiːn]
entre (no meio de)	among	[ə'mʌŋ]
tanto	so much	[səʊ mʌtʃ]
especialmente	especially	[ɪ'speʃəlɪ]

23

Conceitos básicos. Parte 2

19. Dias da semana

segunda-feira (f)	Monday	['mʌndɪ]
terça-feira (f)	Tuesday	['tju:zdɪ]
quarta-feira (f)	Wednesday	['wenzdɪ]
quinta-feira (f)	Thursday	['θɜ:zdɪ]
sexta-feira (f)	Friday	['fraɪdɪ]
sábado (m)	Saturday	['sætədɪ]
domingo (m)	Sunday	['sʌndɪ]
hoje	today	[tə'deɪ]
amanhã	tomorrow	[tə'mɒrəʊ]
depois de amanhã	the day after tomorrow	[ðə deɪ 'ɑ:ftə tə'mɒrəʊ]
ontem	yesterday	['jestədɪ]
anteontem	the day before yesterday	[ðə deɪ bɪ'fɔ: 'jestədɪ]
dia (m)	day	[deɪ]
dia (m) de trabalho	working day	['wɜ:kɪŋ deɪ]
feriado (m)	public holiday	['pʌblɪk 'hɒlɪdeɪ]
dia (m) de folga	day off	[ˌdeɪ'ɒf]
fim (m) de semana	weekend	[ˌwi:k'end]
o dia todo	all day long	[ɔ:l 'deɪ ˌlɒŋ]
no dia seguinte	the next day	[ðə nekst deɪ]
há dois dias	two days ago	[tu deɪz ə'gəʊ]
na véspera	the day before	[ðə deɪ bɪ'fɔ:(r)]
diário (adj)	daily	['deɪlɪ]
todos os dias	every day	[ˌevrɪ 'deɪ]
semana (f)	week	[wi:k]
na semana passada	last week	[ˌlɑ:st 'wi:k]
semana que vem	next week	[ˌnekst 'wi:k]
semanal (adj)	weekly	['wi:klɪ]
toda semana	every week	[ˌevrɪ 'wi:k]
duas vezes por semana	twice a week	[ˌtwaɪs ə 'wi:k]
toda terça-feira	every Tuesday	['evrɪ 'tju:zdɪ]

20. Horas. Dia e noite

manhã (f)	morning	['mɔ:nɪŋ]
de manhã	in the morning	[ɪn ðə 'mɔ:nɪŋ]
meio-dia (m)	noon, midday	[nu:n], ['mɪddeɪ]
à tarde	in the afternoon	[ɪn ðə ˌɑ:ftə'nu:n]
tardinha (f)	evening	['i:vnɪŋ]
à tardinha	in the evening	[ɪn ðɪ 'i:vnɪŋ]

noite (f)	night	[naɪt]
à noite	at night	[ət naɪt]
meia-noite (f)	midnight	['mɪdnaɪt]

segundo (m)	second	['sekənd]
minuto (m)	minute	['mɪnɪt]
hora (f)	hour	['aʊə(r)]
meia hora (f)	half an hour	[ˌhɑːf ən 'aʊə(r)]
quarto (m) de hora	a quarter-hour	[ə 'kwɔːtər'aʊə(r)]
quinze minutos	fifteen minutes	[fɪf'tiːn 'mɪnɪts]
vinte e quatro horas	twenty four hours	['twentɪ fɔːr'aʊəz]

nascer (m) do sol	sunrise	['sʌnraɪz]
amanhecer (m)	dawn	[dɔːn]
madrugada (f)	early morning	['ɜːlɪ 'mɔːnɪŋ]
pôr-do-sol (m)	sunset	['sʌnset]

de madrugada	early in the morning	['ɜːlɪ ɪn ðə 'mɔːnɪŋ]
esta manhã	this morning	[ðɪs 'mɔːnɪŋ]
amanhã de manhã	tomorrow morning	[tə'mɒrəʊ 'mɔːnɪŋ]

esta tarde	this afternoon	[ðɪs ˌɑːftə'nuːn]
à tarde	in the afternoon	[ɪn ðə ˌɑːftə'nuːn]
amanhã à tarde	tomorrow afternoon	[tə'mɒrəʊ ˌɑːftə'nuːn]

esta noite, hoje à noite	tonight	[tə'naɪt]
amanhã à noite	tomorrow night	[tə'mɒrəʊ naɪt]

às três horas em ponto	at 3 o'clock sharp	[ət θriː ə'klɒk ˌʃɑːp]
por volta das quatro	about 4 o'clock	[ə'baʊt ˌfɔːrə'klɒk]
às doze	by 12 o'clock	[baɪ twelv ə'klɒk]

em vinte minutos	in 20 minutes	[ɪn 'twentɪ ˌmɪnɪts]
em uma hora	in an hour	[ɪn ən 'aʊə(r)]
a tempo	on time	[ɒn 'taɪm]

... um quarto para	a quarter to ...	[ə 'kwɔːtə tə]
dentro de uma hora	within an hour	[wɪ'ðɪn æn 'aʊə(r)]
a cada quinze minutos	every 15 minutes	['evrɪ fɪf'tiːn 'mɪnɪts]
as vinte e quatro horas	round the clock	['raʊnd ðə ˌklɒk]

21. Meses. Estações

janeiro (m)	January	['dʒænjʊərɪ]
fevereiro (m)	February	['februərɪ]
março (m)	March	[mɑːʧ]
abril (m)	April	['eɪprəl]
maio (m)	May	[meɪ]
junho (m)	June	[dʒuːn]

julho (m)	July	[dʒuː'laɪ]
agosto (m)	August	['ɔːgəst]
setembro (m)	September	[sep'tembə(r)]
outubro (m)	October	[ɒk'təʊbə(r)]

novembro (m)	November	[nəʊ'vembə(r)]
dezembro (m)	December	[dɪ'sembə(r)]
primavera (f)	spring	[sprɪŋ]
na primavera	in spring	[ɪn sprɪŋ]
primaveril (adj)	spring	[sprɪŋ]
verão (m)	summer	['sʌmə(r)]
no verão	in summer	[ɪn 'sʌmə(r)]
de verão	summer	['sʌmə(r)]
outono (m)	autumn	['ɔ:təm]
no outono	in autumn	[ɪn 'ɔ:təm]
outonal (adj)	autumn	['ɔ:təm]
inverno (m)	winter	['wɪntə(r)]
no inverno	in winter	[ɪn 'wɪntə(r)]
de inverno	winter	['wɪntə(r)]
mês (m)	month	[mʌnθ]
este mês	this month	[ðɪs mʌnθ]
mês que vem	next month	[ˌnekst 'mʌnθ]
no mês passado	last month	[ˌlɑ:st 'mʌnθ]
um mês atrás	a month ago	[əˌmʌnθ ə'gəʊ]
em um mês	in a month	[ɪn ə 'mʌnθ]
em dois meses	in two months	[ɪn ˌtu: 'mʌnθs]
todo o mês	the whole month	[ðə ˌhəʊl 'mʌnθ]
um mês inteiro	all month long	[ɔ:l 'mʌnθ ˌlɒŋ]
mensal (adj)	monthly	['mʌnθlɪ]
mensalmente	monthly	['mʌnθlɪ]
todo mês	every month	[ˌevrɪ 'mʌnθ]
duas vezes por mês	twice a month	[ˌtwaɪs ə 'mʌnθ]
ano (m)	year	[jɪə(r)]
este ano	this year	[ðɪs jɪə(r)]
ano que vem	next year	[ˌnekst 'jɪə(r)]
no ano passado	last year	[ˌlɑ:st 'jɪə(r)]
há um ano	a year ago	[ə jɪərə'gəʊ]
em um ano	in a year	[ɪn ə 'jɪə(r)]
dentro de dois anos	in two years	[ɪn ˌtu: 'jɪəz]
todo o ano	the whole year	[ðə ˌhəʊl 'jɪə(r)]
um ano inteiro	all year long	[ɔ:l 'jɪə ˌlɒŋ]
cada ano	every year	[ˌevrɪ 'jɪə(r)]
anual (adj)	annual	['ænjʊəl]
anualmente	annually	['ænjʊəlɪ]
quatro vezes por ano	4 times a year	[fɔ: taɪmz əˌjɪər]
data (~ de hoje)	date	[deɪt]
data (ex. ~ de nascimento)	date /	[deɪt]
calendário (m)	calendar	['kælɪndə(r)]
meio ano	half a year	[ˌhɑ:f ə 'jɪə(r)]
seis meses	six months	[sɪks mʌnθs]
estação (f)	season	['si:zən]

22. Unidades de medida

peso (m)	weight	[weɪt]
comprimento (m)	length	[leŋθ]
largura (f)	width	[wɪdθ]
altura (f)	height	[haɪt]
profundidade (f)	depth	[depθ]
volume (m)	volume	['vɒljuːm]
área (f)	area	['eərɪə]

grama (m)	gram	[græm]
miligrama (m)	milligram	['mɪlɪgræm]
quilograma (m)	kilogram	['kɪləˌgræm]
tonelada (f)	ton	[tʌn]
libra (453,6 gramas)	pound	[paʊnd]
onça (f)	ounce	[aʊns]

metro (m)	metre	['miːtə(r)]
milímetro (m)	millimetre	['mɪlɪˌmiːtə(r)]
centímetro (m)	centimetre	['sentɪˌmiːtə(r)]
quilômetro (m)	kilometre	['kɪləˌmiːtə(r)]
milha (f)	mile	[maɪl]
polegada (f)	inch	[ɪntʃ]
pé (304,74 mm)	foot	[fʊt]
jarda (914,383 mm)	yard	[jɑːd]

metro (m) quadrado	square metre	[skweə 'miːtə(r)]
hectare (m)	hectare	['hekteə(r)]
litro (m)	litre	['liːtə(r)]
grau (m)	degree	[dɪ'griː]
volt (m)	volt	[vəʊlt]
ampère (m)	ampere	['æmpeə(r)]
cavalo (m) de potência	horsepower	['hɔːsˌpaʊə(r)]

quantidade (f)	quantity	['kwɒntɪtɪ]
um pouco de ...	a little bit of ...	[ə 'lɪtəl bɪt əv]
metade (f)	half	[hɑːf]
dúzia (f)	dozen	['dʌzən]
peça (f)	piece	[piːs]

tamanho (m), dimensão (f)	size	[saɪz]
escala (f)	scale	[skeɪl]

mínimo (adj)	minimal	['mɪnɪməl]
menor, mais pequeno	the smallest	[ðə 'smɔːləst]
médio (adj)	medium	['miːdɪəm]
máximo (adj)	maximal	['mæksɪməl]
maior, mais grande	the largest	[ðə 'lɑːdʒɪst]

23. Recipientes

pote (m) de vidro	jar	[dʒɑː(r)]
lata (~ de cerveja)	tin	[tɪn]

| balde (m) | bucket | ['bʌkɪt] |
| barril (m) | barrel | ['bærəl] |

bacia (~ de plástico)	basin	['beɪsən]
tanque (m)	tank	[tæŋk]
cantil (m) de bolso	hip flask	[hɪp flɑ:sk]
galão (m) de gasolina	jerrycan	['dʒerɪkæn]
cisterna (f)	tank	[tæŋk]

caneca (f)	mug	[mʌg]
xícara (f)	cup	[kʌp]
pires (m)	saucer	['sɔ:sə(r)]
copo (m)	glass	[glɑ:s]
taça (f) de vinho	glass	[glɑ:s]
panela (f)	stock pot	[stɒk pɒt]

| garrafa (f) | bottle | ['bɒtəl] |
| gargalo (m) | neck | [nek] |

jarra (f)	carafe	[kə'ræf]
jarro (m)	jug	[dʒʌg]
recipiente (m)	vessel	['vesəl]
pote (m)	pot	[pɒt]
vaso (m)	vase	[vɑ:z]

frasco (~ de perfume)	bottle	['bɒtəl]
frasquinho (m)	vial, small bottle	['vaɪəl], [smɔ:l 'bɒtəl]
tubo (m)	tube	[tju:b]

saco (ex. ~ de açúcar)	sack	[sæk]
sacola (~ plastica)	bag	[bæg]
maço (de cigarros, etc.)	packet	['pækɪt]

caixa (~ de sapatos, etc.)	box	[bɒks]
caixote (~ de madeira)	box	[bɒks]
cesto (m)	basket	['bɑ:skɪt]

O SER HUMANO

O ser humano. O corpo

24. Cabeça

cabeça (f)	head	[hed]
rosto, cara (f)	face	[feɪs]
nariz (m)	nose	[nəʊz]
boca (f)	mouth	[maʊθ]
olho (m)	eye	[aɪ]
olhos (m pl)	eyes	[aɪz]
pupila (f)	pupil	['pjuːpəl]
sobrancelha (f)	eyebrow	['aɪbraʊ]
cílio (f)	eyelash	['aɪlæʃ]
pálpebra (f)	eyelid	['aɪlɪd]
língua (f)	tongue	[tʌŋ]
dente (m)	tooth	[tuːθ]
lábios (m pl)	lips	[lɪps]
maçãs (f pl) do rosto	cheekbones	['ʧiːkbəʊnz]
gengiva (f)	gum	[gʌm]
palato (m)	palate	['pælət]
narinas (f pl)	nostrils	['nɒstrɪlz]
queixo (m)	chin	[ʧɪn]
mandíbula (f)	jaw	[dʒɔː]
bochecha (f)	cheek	[ʧiːk]
testa (f)	forehead	['fɔːhed]
têmpora (f)	temple	['tempəl]
orelha (f)	ear	[ɪə(r)]
costas (f pl) da cabeça	back of the head	['bæk əv ðə ˌhed]
pescoço (m)	neck	[nek]
garganta (f)	throat	[θrəʊt]
cabelo (m)	hair	[heə(r)]
penteado (m)	hairstyle	['heəstaɪl]
corte (m) de cabelo	haircut	['heəkʌt]
peruca (f)	wig	[wɪg]
bigode (m)	moustache	[mə'stɑːʃ]
barba (f)	beard	[bɪəd]
ter (~ barba, etc.)	to have (vt)	[tə hæv]
trança (f)	plait	[plæt]
suíças (f pl)	sideboards	['saɪdbɔːdz]
ruivo (adj)	red-haired	['red ˌheəd]
grisalho (adj)	grey	[greɪ]

| careca (adj) | bald | [bɔːld] |
| calva (f) | bald patch | [bɔːld pætʃ] |

| rabo-de-cavalo (m) | ponytail | ['pəʊnɪteɪl] |
| franja (f) | fringe | [frɪndʒ] |

25. Corpo humano

| mão (f) | hand | [hænd] |
| braço (m) | arm | [ɑːm] |

dedo (m)	finger	['fɪŋgə(r)]
polegar (m)	thumb	[θʌm]
dedo (m) mindinho	little finger	[ˌlɪtəl 'fɪŋgə(r)]
unha (f)	nail	[neɪl]

punho (m)	fist	[fɪst]
palma (f)	palm	[pɑːm]
pulso (m)	wrist	[rɪst]
antebraço (m)	forearm	['fɔːrˌɑːm]
cotovelo (m)	elbow	['elbəʊ]
ombro (m)	shoulder	['ʃəʊldə(r)]

perna (f)	leg	[leg]
pé (m)	foot	[fʊt]
joelho (m)	knee	[niː]
panturrilha (f)	calf	[kɑːf]
quadril (m)	hip	[hɪp]
calcanhar (m)	heel	[hiːl]

corpo (m)	body	['bɒdɪ]
barriga (f), ventre (m)	stomach	['stʌmək]
peito (m)	chest	[tʃest]
seio (m)	breast	[brest]
lado (m)	flank	[flæŋk]
costas (dorso)	back	[bæk]
região (f) lombar	lower back	['ləʊə bæk]
cintura (f)	waist	[weɪst]

umbigo (m)	navel, belly button	['neɪvəl], ['belɪ 'bʌtən]
nádegas (f pl)	buttocks	['bʌtəks]
traseiro (m)	bottom	['bɒtəm]

sinal (m), pinta (f)	beauty spot	['bjuːtɪ spɒt]
tatuagem (f)	tattoo	[tə'tuː]
cicatriz (f)	scar	[skɑː(r)]

Vestuário & Acessórios

26. Roupa exterior. Casacos

roupa (f)	clothes	[kləʊðz]
roupa (f) exterior	outerwear	['aʊtəweə(r)]
roupa (f) de inverno	winter clothing	['wɪntə 'kləʊðɪŋ]
sobretudo (m)	coat, overcoat	[kəʊt], ['əʊvəkəʊt]
casaco (m) de pele	fur coat	['fɜːˌkəʊt]
jaqueta (f) de pele	fur jacket	['fɜː 'dʒækɪt]
casaco (m) acolchoado	down coat	['daʊn ˌkəʊt]
casaco (m), jaqueta (f)	jacket	['dʒækɪt]
impermeável (m)	raincoat	['reɪnkəʊt]
a prova d'água	waterproof	['wɔːtəpruːf]

27. Vestuário de homem & mulher

camisa (f)	shirt	[ʃɜːt]
calça (f)	trousers	['traʊzəz]
jeans (m)	jeans	[dʒiːnz]
paletó, terno (m)	jacket	['dʒækɪt]
terno (m)	suit	[suːt]
vestido (ex. ~ de noiva)	dress	[dres]
saia (f)	skirt	[skɜːt]
blusa (f)	blouse	[blaʊz]
casaco (m) de malha	knitted jacket	['nɪtɪd 'dʒækɪt]
casaco, blazer (m)	jacket	['dʒækɪt]
camiseta (f)	T-shirt	['tiːˌʃɜːt]
short (m)	shorts	[ʃɔːts]
training (m)	tracksuit	['træksuːt]
roupão (m) de banho	bathrobe	['bɑːθrəʊb]
pijama (m)	pyjamas	[pə'dʒɑːməz]
suéter (m)	sweater, jumper	['swetə(r)], ['dʒʌmpə(r)]
pulôver (m)	pullover	['pʊlˌəʊvə(r)]
colete (m)	waistcoat	['weɪskəʊt]
fraque (m)	tailcoat	[ˌteɪl'kəʊt]
smoking (m)	dinner suit	['dɪnə suːt]
uniforme (m)	uniform	['juːnɪfɔːm]
roupa (f) de trabalho	workwear	[wɜːkweə(r)]
macacão (m)	boiler suit	['bɔɪlə suːt]
jaleco (m), bata (f)	coat	[kəʊt]

31

28. Vestuário. Roupa interior

roupa (f) íntima	underwear	['ʌndəweə(r)]
camiseta (f)	vest	[vest]
meias (f pl)	socks	[sɒks]
camisola (f)	nightdress	['naɪtdres]
sutiã (m)	bra	[brɑ:]
meias longas (f pl)	knee highs	['ni: ˌhaɪs]
meias-calças (f pl)	tights	[taɪts]
meias (~ de nylon)	stockings	['stɒkɪŋz]
maiô (m)	swimsuit, bikini	['swɪmsu:t], [bɪ'ki:nɪ]

29. Adereços de cabeça

chapéu (m), touca (f)	hat	[hæt]
chapéu (m) de feltro	trilby hat	['trɪlbɪ hæt]
boné (m) de beisebol	baseball cap	['beɪsbɔ:l kæp]
boina (~ italiana)	flatcap	[flæt kæp]
boina (ex. ~ basca)	beret	['bereɪ]
capuz (m)	hood	[hʊd]
chapéu panamá (m)	panama	['pænəmɑ:]
touca (f)	knit cap, knitted hat	[nɪt kæp], ['nɪtɪdˌhæt]
lenço (m)	headscarf	['hedskɑ:f]
chapéu (m) feminino	women's hat	['wɪmɪns hæt]
capacete (m) de proteção	hard hat	[hɑ:d hæt]
bibico (m)	forage cap	['forɪdʒ kæp]
capacete (m)	helmet	['helmɪt]
chapéu-coco (m)	bowler	['bəʊlə(r)]
cartola (f)	top hat	[tɒp hæt]

30. Calçado

calçado (m)	footwear	['fʊtweə(r)]
botinas (f pl), sapatos (m pl)	shoes	[ʃu:z]
sapatos (de salto alto, etc.)	shoes	[ʃu:z]
botas (f pl)	boots	[bu:ts]
pantufas (f pl)	slippers	['slɪpəz]
tênis (~ Nike, etc.)	trainers	['treɪnəz]
tênis (~ Converse)	trainers	['treɪnəz]
sandálias (f pl)	sandals	['sændəlz]
sapateiro (m)	cobbler, shoe repairer	['kɒblə(r)], [ʃu: rɪ'peərə(r)]
salto (m)	heel	[hi:l]
par (m)	pair	[peə(r)]
cadarço (m)	shoelace	['ʃu:leɪs]

amarrar os cadarços	to lace up (vt)	[tə leɪs ʌp]
calçadeira (f)	shoehorn	[ˈʃuːhɔːn]
graxa (f) para calçado	shoe polish	[ʃuː ˈpɒlɪʃ]

31. Acessórios pessoais

luva (f)	gloves	[glʌvz]
mitenes (f pl)	mittens	[ˈmɪtənz]
cachecol (m)	scarf	[skɑːf]

óculos (m pl)	glasses	[glɑːsɪz]
armação (f)	frame	[freɪm]
guarda-chuva (m)	umbrella	[ʌmˈbrelə]
bengala (f)	walking stick	[ˈwɔːkɪŋ stɪk]
escova (f) para o cabelo	hairbrush	[ˈheəbrʌʃ]
leque (m)	fan	[fæn]

gravata (f)	tie	[taɪ]
gravata-borboleta (f)	bow tie	[bəʊ taɪ]
suspensórios (m pl)	braces	[ˈbreɪsiz]
lenço (m)	handkerchief	[ˈhæŋkətʃɪf]

pente (m)	comb	[kəʊm]
fivela (f) para cabelo	hair slide	[ˈheəˌslaɪd]
grampo (m)	hairpin	[ˈheəpɪn]
fivela (f)	buckle	[ˈbʌkəl]

| cinto (m) | belt | [belt] |
| alça (f) de ombro | shoulder strap | [ˈʃəʊldə stræp] |

bolsa (f)	bag	[bæg]
bolsa (feminina)	handbag	[ˈhændbæg]
mochila (f)	rucksack	[ˈrʌksæk]

32. Vestuário. Diversos

moda (f)	fashion	[ˈfæʃən]
na moda (adj)	in vogue	[ɪn vəʊg]
estilista (m)	fashion designer	[ˈfæʃən dɪˈzaɪnə(r)]

colarinho (m)	collar	[ˈkɒlə(r)]
bolso (m)	pocket	[ˈpɒkɪt]
de bolso	pocket	[ˈpɒkɪt]
manga (f)	sleeve	[sliːv]
ganchinho (m)	hanging loop	[ˈhæŋɪŋ luːp]
bragueta (f)	flies	[flaɪz]

zíper (m)	zip	[zɪp]
colchete (m)	fastener	[ˈfɑːsənə(r)]
botão (m)	button	[ˈbʌtən]
botoeira (casa de botão)	buttonhole	[ˈbʌtənhəʊl]
soltar-se (vr)	to come off	[tə kʌm ɒf]

costurar (vi)	to sew (vi, vt)	[tə səʊ]
bordar (vt)	to embroider (vi, vt)	[tə ɪm'brɔɪdə(r)]
bordado (m)	embroidery	[ɪm'brɔɪdərɪ]
agulha (f)	sewing needle	['niːdəl]
fio, linha (f)	thread	[θred]
costura (f)	seam	[siːm]

sujar-se (vr)	to get dirty (vi)	[tə get 'dɜːtɪ]
mancha (f)	stain	[steɪn]
amarrotar-se (vr)	to crease, crumple (vi)	[tə kriːs], ['krʌmpəl]
rasgar (vt)	to tear, to rip (vt)	[tə teər], [tə rɪp]
traça (f)	clothes moth	[kləʊðz mɒθ]

33. Cuidados pessoais. Cosméticos

pasta (f) de dente	toothpaste	['tuːθpeɪst]
escova (f) de dente	toothbrush	['tuːθbrʌʃ]
escovar os dentes	to clean one's teeth	[tə kliːn wʌns 'tiːθ]

gilete (f)	razor	['reɪzə(r)]
creme (m) de barbear	shaving cream	['ʃeɪvɪŋ ˌkriːm]
barbear-se (vr)	to shave (vi)	[tə ʃeɪv]

| sabonete (m) | soap | [səʊp] |
| xampu (m) | shampoo | [ʃæm'puː] |

tesoura (f)	scissors	['sɪzəz]
lixa (f) de unhas	nail file	['neɪl ˌfaɪl]
corta-unhas (m)	nail clippers	[neɪl 'klɪpərz]
pinça (f)	tweezers	['twiːzəz]

cosméticos (m pl)	cosmetics	[kɒz'metɪks]
máscara (f)	face mask	[feɪs mɑːsk]
manicure (f)	manicure	['mænɪˌkjʊə(r)]
fazer as unhas	to have a manicure	[tə hæve 'mænɪˌkjʊə]
pedicure (f)	pedicure	['pedɪˌkjʊə(r)]

bolsa (f) de maquiagem	make-up bag	['meɪk ʌp ˌbæg]
pó (de arroz)	face powder	[feɪs 'paʊdə(r)]
pó (m) compacto	powder compact	['paʊdə 'kɒmpækt]
blush (m)	blusher	['blʌʃə(r)]

perfume (m)	perfume	['pɜːfjuːm]
água-de-colônia (f)	toilet water	['tɔɪlɪt 'wɔːtə(r)]
loção (f)	lotion	['ləʊʃən]
colônia (f)	cologne	[kə'ləʊn]

sombra (f) de olhos	eyeshadow	['aɪʃædəʊ]
delineador (m)	eyeliner	['aɪˌlaɪnə(r)]
máscara (f), rímel (m)	mascara	[mæs'kɑːrə]

batom (m)	lipstick	['lɪpstɪk]
esmalte (m)	nail polish	['neɪl ˌpɒlɪʃ]
laquê (m), spray fixador (m)	hair spray	['heəspreɪ]

desodorante (m)	deodorant	[di:'əʊdərənt]
creme (m)	cream	[kri:m]
creme (m) de rosto	face cream	['feɪs ˌkri:m]
creme (m) de mãos	hand cream	['hænd ˌkri:m]
creme (m) antirrugas	anti-wrinkle cream	['æntɪ 'rɪŋkəl kri:m]
creme (m) de dia	day cream	['deɪ ˌkri:m]
creme (m) de noite	night cream	['naɪt ˌkri:m]
absorvente (m) interno	tampon	['tæmpɒn]
papel (m) higiênico	toilet paper	['tɔɪlɪt 'peɪpə(r)]
secador (m) de cabelo	hair dryer	['heəˌdraɪə(r)]

34. Relógios de pulso. Relógios

relógio (m) de pulso	watch	[wɒtʃ]
mostrador (m)	dial	['daɪəl]
ponteiro (m)	hand	[hænd]
bracelete (em aço)	bracelet	['breɪslɪt]
bracelete (em couro)	watch strap	[wɒtʃ stræp]
pilha (f)	battery	['bætərɪ]
acabar (vi)	to be flat	[tə bi flæt]
trocar a pilha	to change a battery	[tə tʃeɪndʒ ə 'bætərɪ]
estar adiantado	to run fast	[tə rʌn fɑ:st]
estar atrasado	to run slow	[tə rʌn sləʊ]
relógio (m) de parede	wall clock	['wɔ:l ˌklɒk]
ampulheta (f)	hourglass	['aʊəglɑ:s]
relógio (m) de sol	sundial	['sʌndaɪəl]
despertador (m)	alarm clock	[ə'lɑ:m klɒk]
relojoeiro (m)	watchmaker	['wɒtʃˌmeɪkə(r)]
reparar (vt)	to repair (vt)	[tə rɪ'peə(r)]

Alimentação. Nutrição

35. Comida

carne (f)	meat	[miːt]
galinha (f)	chicken	['ʧɪkɪn]
frango (m)	poussin	['puːsæn]
pato (m)	duck	[dʌk]
ganso (m)	goose	[guːs]
caça (f)	game	[geɪm]
peru (m)	turkey	['tɜːkɪ]

carne (f) de porco	pork	[pɔːk]
carne (f) de vitela	veal	[viːl]
carne (f) de carneiro	lamb	[læm]
carne (f) de vaca	beef	[biːf]
carne (f) de coelho	rabbit	['ræbɪt]

linguiça (f), salsichão (m)	sausage	['sɒsɪʤ]
salsicha (f)	vienna sausage	[vɪ'enə 'sɒsɪʤ]
bacon (m)	bacon	['beɪkən]
presunto (m)	ham	[hæm]
pernil (m) de porco	gammon	['gæmən]

patê (m)	pâté	['pæteɪ]
fígado (m)	liver	['lɪvə(r)]
guisado (m)	mince	[mɪns]
língua (f)	tongue	[tʌŋ]

ovo (m)	egg	[eg]
ovos (m pl)	eggs	[egz]
clara (f) de ovo	egg white	['eg ˌwaɪt]
gema (f) de ovo	egg yolk	['eg ˌjəʊk]

peixe (m)	fish	[fɪʃ]
mariscos (m pl)	seafood	['siːfuːd]
crustáceos (m pl)	crustaceans	[krʌ'steɪʃənz]
caviar (m)	caviar	['kævɪɑː(r)]

caranguejo (m)	crab	[kræb]
camarão (m)	prawn	[prɔːn]
ostra (f)	oyster	['ɔɪstə(r)]
lagosta (f)	spiny lobster	['spaɪnɪ 'lɒbstə(r)]
polvo (m)	octopus	['ɒktəpəs]
lula (f)	squid	[skwɪd]

esturjão (m)	sturgeon	['stɜːʤən]
salmão (m)	salmon	['sæmən]
halibute (m)	halibut	['hælɪbət]
bacalhau (m)	cod	[kɒd]

cavala, sarda (f)	mackerel	['mækərəl]
atum (m)	tuna	['tju:nə]
enguia (f)	eel	[i:l]

truta (f)	trout	[traʊt]
sardinha (f)	sardine	[sɑ:'di:n]
lúcio (m)	pike	[paɪk]
arenque (m)	herring	['herɪŋ]

pão (m)	bread	[bred]
queijo (m)	cheese	[ʧi:z]
açúcar (m)	sugar	['ʃʊgə(r)]
sal (m)	salt	[sɔ:lt]

arroz (m)	rice	[raɪs]
massas (f pl)	pasta	['pæstə]
talharim, miojo (m)	noodles	['nu:dəlz]

manteiga (f)	butter	['bʌtə(r)]
óleo (m) vegetal	vegetable oil	['vedʒtəbəl ɔɪl]
óleo (m) de girassol	sunflower oil	['sʌnˌflaʊə ɔɪl]
margarina (f)	margarine	[ˌmɑ:dʒə'ri:n]

| azeitonas (f pl) | olives | ['ɒlɪvz] |
| azeite (m) | olive oil | ['ɒlɪv ˌɔɪl] |

leite (m)	milk	[mɪlk]
leite (m) condensado	condensed milk	[kən'denst mɪlk]
iogurte (m)	yogurt	['jəʊgərt]
creme (m) azedo	soured cream	['saʊəd ˌkri:m]
creme (m) de leite	cream	[kri:m]

| maionese (f) | mayonnaise | [ˌmeɪə'neɪz] |
| creme (m) | buttercream | ['bʌtəˌkri:m] |

grãos (m pl) de cereais	groats	[grəʊts]
farinha (f)	flour	['flaʊə(r)]
enlatados (m pl)	tinned food	['tɪnd fu:d]

flocos (m pl) de milho	cornflakes	['kɔ:nfleɪks]
mel (m)	honey	['hʌnɪ]
geleia (m)	jam	[dʒæm]
chiclete (m)	chewing gum	['ʧu:ɪŋ ˌgʌm]

36. Bebidas

água (f)	water	['wɔ:tə(r)]
água (f) potável	drinking water	['drɪŋkɪŋ ˌwɔ:tə(r)]
água (f) mineral	mineral water	['mɪnərəl 'wɔ:tə(r)]

sem gás (adj)	still	[stɪl]
gaseificada (adj)	carbonated	['kɑ:bəneɪtɪd]
com gás	sparkling	['spɑ:klɪŋ]
gelo (m)	ice	[aɪs]

37

com gelo	with ice	[wɪð aɪs]
não alcoólico (adj)	non-alcoholic	[nɒn ˌælkə'hɒlɪk]
refrigerante (m)	soft drink	[sɒft drɪŋk]
refresco (m)	refreshing drink	[rɪ'freʃɪŋ drɪŋk]
limonada (f)	lemonade	[ˌleməˈneɪd]

bebidas (f pl) alcoólicas	spirits	['spɪrɪts]
vinho (m)	wine	[waɪn]
vinho (m) branco	white wine	['waɪt ˌwaɪn]
vinho (m) tinto	red wine	['red ˌwaɪn]

licor (m)	liqueur	[lɪ'kjʊə(r)]
champanhe (m)	champagne	[ˌʃæm'peɪn]
vermute (m)	vermouth	[vɜ:'mu:θ]

uísque (m)	whisky	['wɪskɪ]
vodca (f)	vodka	['vɒdkə]
gim (m)	gin	[dʒɪn]
conhaque (m)	cognac	['kɒnjæk]
rum (m)	rum	[rʌm]

café (m)	coffee	['kɒfɪ]
café (m) preto	black coffee	[blæk 'kɒfɪ]
café (m) com leite	white coffee	[waɪt 'kɒfɪ]
cappuccino (m)	cappuccino	[ˌkæpʊ'tʃi:nəʊ]
café (m) solúvel	instant coffee	['ɪnstənt 'kɒfɪ]

leite (m)	milk	[mɪlk]
coquetel (m)	cocktail	['kɒkteɪl]
batida (f), milkshake (m)	milkshake	['mɪlk ʃeɪk]

suco (m)	juice	[dʒu:s]
suco (m) de tomate	tomato juice	[tə'mɑ:təʊ dʒu:s]
suco (m) de laranja	orange juice	['ɒrɪndʒ ˌdʒu:s]
suco (m) fresco	freshly squeezed juice	['freʃlɪ skwi:zd dʒu:s]

cerveja (f)	beer	[bɪə(r)]
cerveja (f) clara	lager	['lɑ:gə(r)]
cerveja (f) preta	bitter	['bɪtə(r)]

chá (m)	tea	[ti:]
chá (m) preto	black tea	[blæk ti:]
chá (m) verde	green tea	['gri:n ˌti:]

37. Vegetais

| vegetais (m pl) | vegetables | ['vedʒtəbəlz] |
| verdura (f) | greens | [gri:nz] |

tomate (m)	tomato	[tə'mɑ:təʊ]
pepino (m)	cucumber	['kju:kʌmbə(r)]
cenoura (f)	carrot	['kærət]
batata (f)	potato	[pə'teɪtəʊ]
cebola (f)	onion	['ʌnjən]

alho (m)	garlic	['gɑːlɪk]
couve (f)	cabbage	['kæbɪʤ]
couve-flor (f)	cauliflower	['kɒlɪˌflaʊə(r)]
couve-de-bruxelas (f)	Brussels sprouts	['brʌsəlz ˌspraʊts]
brócolis (m pl)	broccoli	['brɒkəlɪ]

beterraba (f)	beetroot	['biːtruːt]
berinjela (f)	aubergine	['əʊbəʒiːn]
abobrinha (f)	courgette	[kɔː'ʒet]
abóbora (f)	pumpkin	['pʌmpkɪn]
nabo (m)	turnip	['tɜːnɪp]

salsa (f)	parsley	['pɑːslɪ]
endro, aneto (m)	dill	[dɪl]
alface (f)	lettuce	['letɪs]
aipo (m)	celery	['selərɪ]
aspargo (m)	asparagus	[ə'spærəgəs]
espinafre (m)	spinach	['spɪnɪʤ]

ervilha (f)	pea	[piː]
feijão (~ soja, etc.)	beans	[biːnz]
milho (m)	maize	[meɪz]
feijão (m) roxo	kidney bean	['kɪdnɪ biːn]

pimentão (m)	sweet paper	[swiːt 'pepə(r)]
rabanete (m)	radish	['rædɪʃ]
alcachofra (f)	artichoke	['ɑːtɪʧəʊk]

38. Frutos. Nozes

fruta (f)	fruit	[fruːt]
maçã (f)	apple	['æpəl]
pera (f)	pear	[peə(r)]
limão (m)	lemon	['lemən]
laranja (f)	orange	['ɒrɪnʤ]
morango (m)	strawberry	['strɔːbərɪ]

tangerina (f)	tangerine	[ˌtænʤə'riːn]
ameixa (f)	plum	[plʌm]
pêssego (m)	peach	[piːʧ]
damasco (m)	apricot	['eɪprɪkɒt]
framboesa (f)	raspberry	['rɑːzbərɪ]
abacaxi (m)	pineapple	['paɪnˌæpəl]

banana (f)	banana	[bə'nɑːnə]
melancia (f)	watermelon	['wɔːtəˌmelən]
uva (f)	grape	[greɪp]
ginja (f)	sour cherry	['saʊə 'ʧerɪ]
cereja (f)	sweet cherry	[swiːt 'ʧerɪ]
melão (m)	melon	['melən]

toranja (f)	grapefruit	['greɪpfruːt]
abacate (m)	avocado	[ˌævə'kɑːdəʊ]
mamão (m)	papaya	[pə'paɪə]

manga (f)	mango	['mæŋɡəʊ]
romã (f)	pomegranate	['pɒmɪˌɡrænɪt]

groselha (f) vermelha	redcurrant	['redkʌrənt]
groselha (f) negra	blackcurrant	[ˌblæk'kʌrənt]
groselha (f) espinhosa	gooseberry	['ɡuzbərɪ]
mirtilo (m)	bilberry	['bɪlbərɪ]
amora (f) silvestre	blackberry	['blækbərɪ]

passa (f)	raisin	['reɪzən]
figo (m)	fig	[fɪɡ]
tâmara (f)	date	[deɪt]

amendoim (m)	peanut	['piːnʌt]
amêndoa (f)	almond	['ɑːmənd]
noz (f)	walnut	['wɔːlnʌt]
avelã (f)	hazelnut	['heɪzəlnʌt]
coco (m)	coconut	['kəʊkənʌt]
pistaches (m pl)	pistachios	[pɪ'stɑːʃɪəʊs]

39. Pão. Bolaria

pastelaria (f)	confectionery	[kən'fekʃənərɪ]
pão (m)	bread	[bred]
biscoito (m), bolacha (f)	biscuits	['bɪskɪts]

chocolate (m)	chocolate	['ʧɒkələt]
de chocolate	chocolate	['ʧɒkələt]
bala (f)	sweet	[swiːt]
doce (bolo pequeno)	cake	[keɪk]
bolo (m) de aniversário	cake	[keɪk]

torta (f)	pie	[paɪ]
recheio (m)	filling	['fɪlɪŋ]

geleia (m)	jam	[dʒæm]
marmelada (f)	marmalade	['mɑːməleɪd]
wafers (m pl)	wafers	['weɪfəz]
sorvete (m)	ice-cream	[aɪs kriːm]
pudim (m)	pudding	['pʊdɪŋ]

40. Pratos cozinhados

prato (m)	course, dish	[kɔːs], [dɪʃ]
cozinha (~ portuguesa)	cuisine	[kwɪ'ziːn]
receita (f)	recipe	['resɪpɪ]
porção (f)	portion	['pɔːʃən]

salada (f)	salad	['sæləd]
sopa (f)	soup	[suːp]
caldo (m)	clear soup	[ˌklɪə 'suːp]
sanduíche (m)	sandwich	['sænwɪʤ]

ovos (m pl) fritos	fried eggs	['fraɪd ˌegz]
hambúrguer (m)	hamburger	['hæmbɜːgə(r)]
bife (m)	steak	[steɪk]

acompanhamento (m)	side dish	[saɪd dɪʃ]
espaguete (m)	spaghetti	[spə'getɪ]
purê (m) de batata	mash	[mæʃ]
pizza (f)	pizza	['piːtsə]
mingau (m)	porridge	['pɒrɪdʒ]
omelete (f)	omelette	['ɒmlɪt]

fervido (adj)	boiled	['bɔɪld]
defumado (adj)	smoked	[sməʊkt]
frito (adj)	fried	[fraɪd]
seco (adj)	dried	[draɪd]
congelado (adj)	frozen	['frəʊzən]
em conserva (adj)	pickled	['pɪkəld]

doce (adj)	sweet	[swiːt]
salgado (adj)	salty	['sɔːltɪ]
frio (adj)	cold	[kəʊld]
quente (adj)	hot	[hɒt]
amargo (adj)	bitter	['bɪtə(r)]
gostoso (adj)	tasty	['teɪstɪ]

cozinhar em água fervente	to cook in boiling water	[tə kʊk ɪn 'bɔɪlɪŋ 'wɔːtə]
preparar (vt)	to cook (vt)	[tə kʊk]
fritar (vt)	to fry (vt)	[tə fraɪ]
aquecer (vt)	to heat up	[tə hiːt ʌp]

salgar (vt)	to salt (vt)	[tə sɔːlt]
apimentar (vt)	to pepper (vt)	[tə 'pepə(r)]
ralar (vt)	to grate (vt)	[tə greɪt]
casca (f)	peel	[piːl]
descascar (vt)	to peel (vt)	[tə piːl]

41. Especiarias

sal (m)	salt	[sɔːlt]
salgado (adj)	salty	['sɔːltɪ]
salgar (vt)	to salt (vt)	[tə sɔːlt]

pimenta-do-reino (f)	black pepper	[blæk 'pepə(r)]
pimenta (f) vermelha	red pepper	[red 'pepə(r)]
mostarda (f)	mustard	['mʌstəd]
raiz-forte (f)	horseradish	['hɔːsˌrædɪʃ]

condimento (m)	condiment	['kɒndɪmənt]
especiaria (f)	spice	[spaɪs]
molho (~ inglês)	sauce	[sɔːs]
vinagre (m)	vinegar	['vɪnɪgə(r)]

| anis estrelado (m) | anise | ['ænɪs] |
| manjericão (m) | basil | ['bæzəl] |

41

cravo (m)	cloves	[kləʊvz]
gengibre (m)	ginger	['dʒɪndʒə(r)]
coentro (m)	coriander	[ˌkɒrɪ'ændə(r)]
canela (f)	cinnamon	['sɪnəmən]

gergelim (m)	sesame	['sesəmɪ]
folha (f) de louro	bay leaf	[beɪ li:f]
páprica (f)	paprika	['pæprɪkə]
cominho (m)	caraway	['kærəweɪ]
açafrão (m)	saffron	['sæfrən]

42. Refeições

comida (f)	food	[fu:d]
comer (vt)	to eat (vi, vt)	[tə i:t]

café (m) da manhã	breakfast	['brekfəst]
tomar café da manhã	to have breakfast	[tə hæv 'brekfəst]
almoço (m)	lunch	[lʌntʃ]
almoçar (vi)	to have lunch	[tə hæv lʌntʃ]
jantar (m)	dinner	['dɪnə(r)]
jantar (vi)	to have dinner	[tə hæv 'dɪnə(r)]

apetite (m)	appetite	['æpɪtaɪt]
Bom apetite!	Enjoy your meal!	[ɪn'dʒɔɪ jɔː ˌmi:l]

abrir (~ uma lata, etc.)	to open (vt)	[tə 'əʊpən]
derramar (~ líquido)	to spill (vt)	[tə spɪl]
derramar-se (vr)	to spill out (vi)	[tə spɪl aʊt]

ferver (vi)	to boil (vi)	[tə bɔɪl]
ferver (vt)	to boil (vt)	[tə bɔɪl]
fervido (adj)	boiled	['bɔɪld]

esfriar (vt)	to chill, cool down (vt)	[tə tʃɪl], [ku:l daʊn]
esfriar-se (vr)	to chill (vi)	[tə tʃɪl]

sabor, gosto (m)	taste, flavour	[teɪst], ['fleɪvə(r)]
fim (m) de boca	aftertaste	['ɑ:ftəteɪst]

emagrecer (vi)	to slim down	[tə slɪm daʊn]
dieta (f)	diet	['daɪət]
vitamina (f)	vitamin	['vɪtəmɪn]
caloria (f)	calorie	['kælərɪ]

vegetariano (m)	vegetarian	[ˌvedʒɪ'teərɪən]
vegetariano (adj)	vegetarian	[ˌvedʒɪ'teərɪən]

gorduras (f pl)	fats	[fæts]
proteínas (f pl)	proteins	['prəʊti:nz]
carboidratos (m pl)	carbohydrates	[ˌkɑ:bəʊ'haɪdreɪts]
fatia (~ de limão, etc.)	slice	[slaɪs]
pedaço (~ de bolo)	piece	[pi:s]
migalha (f), farelo (m)	crumb	[krʌm]

43. Por a mesa

colher (f)	spoon	[spuːn]
faca (f)	knife	[naɪf]
garfo (m)	fork	[fɔːk]

xícara (f)	cup	[kʌp]
prato (m)	plate	[pleɪt]
pires (m)	saucer	['sɔːsə(r)]
guardanapo (m)	serviette	[ˌsɜːvɪ'et]
palito (m)	toothpick	['tuːθpɪk]

44. Restaurante

restaurante (m)	restaurant	['restrɒnt]
cafeteria (f)	coffee bar	['kɒfɪ bɑː(r)]
bar (m), cervejaria (f)	pub	[pʌb]
salão (m) de chá	tearoom	['tiːrʊm]

garçom (m)	waiter	['weɪtə(r)]
garçonete (f)	waitress	['weɪtrɪs]
barman (m)	barman	['bɑːmən]

cardápio (m)	menu	['menjuː]
lista (f) de vinhos	wine list	['waɪn lɪst]
reservar uma mesa	to book a table	[tə bʊk ə 'teɪbəl]

prato (m)	course, dish	[kɔːs], [dɪʃ]
pedir (vt)	to order (vi, vt)	[tə 'ɔːdə(r)]
fazer o pedido	to make an order	[tə meɪk ən 'ɔːdə(r)]

aperitivo (m)	aperitif	[əperə'tiːf]
entrada (f)	starter	['stɑːtə(r)]
sobremesa (f)	dessert, pudding	[dɪ'zɜːt], ['pʊdɪŋ]

conta (f)	bill	[bɪl]
pagar a conta	to pay the bill	[tə peɪ ðə bɪl]
dar o troco	to give change	[tə gɪv 'ʧeɪndʒ]
gorjeta (f)	tip	[tɪp]

Família, parentes e amigos

45. Informação pessoal. Formulários

nome (m)	name, first name	[neɪm], [ˈfɜːstˌneɪm]
sobrenome (m)	surname, last name	[ˈsɜːneɪm], [lɑːst neɪm]
data (f) de nascimento	date of birth	[deɪt əv bɜːθ]
local (m) de nascimento	place of birth	[ˌpleɪs əv ˈbɜːθ]
nacionalidade (f)	nationality	[ˌnæʃəˈnælətɪ]
lugar (m) de residência	place of residence	[ˌpleɪs əv ˈrezɪdəns]
país (m)	country	[ˈkʌntrɪ]
profissão (f)	profession	[prəˈfeʃən]
sexo (m)	gender, sex	[ˈdʒendə(r)], [seks]
estatura (f)	height	[haɪt]
peso (m)	weight	[weɪt]

46. Membros da família. Parentes

mãe (f)	mother	[ˈmʌðə(r)]
pai (m)	father	[ˈfɑːðə(r)]
filho (m)	son	[sʌn]
filha (f)	daughter	[ˈdɔːtə(r)]
caçula (f)	younger daughter	[ˌjʌŋgə ˈdɔːtə(r)]
caçula (m)	younger son	[ˌjʌŋgə ˈsʌn]
filha (f) mais velha	eldest daughter	[ˈeldɪst ˈdɔːtə(r)]
filho (m) mais velho	eldest son	[ˈeldɪst sʌn]
irmão (m)	brother	[ˈbrʌðə(r)]
irmã (f)	sister	[ˈsɪstə(r)]
primo (m)	cousin	[ˈkʌzən]
prima (f)	cousin	[ˈkʌzən]
mamãe (f)	mummy	[ˈmʌmɪ]
papai (m)	dad, daddy	[dæd], [ˈdædɪ]
pais (pl)	parents	[ˈpeərənts]
criança (f)	child	[ʧaɪld]
crianças (f pl)	children	[ˈʧɪldrən]
avó (f)	grandmother	[ˈgrænˌmʌðə(r)]
avô (m)	grandfather	[ˈgrændˌfɑːðə(r)]
neto (m)	grandson	[ˈgrænsʌn]
neta (f)	granddaughter	[ˈgrænˌdɔːtə(r)]
netos (pl)	grandchildren	[ˈgrænˌʧɪldrən]
tio (m)	uncle	[ˈʌŋkəl]
tia (f)	aunt	[ɑːnt]

| sobrinho (m) | nephew | ['nefjuː] |
| sobrinha (f) | niece | [niːs] |

sogra (f)	mother-in-law	['mʌðər ɪn 'lɔː]
sogro (m)	father-in-law	['fɑːðə ɪn ˌlɔː]
genro (m)	son-in-law	['sʌn ɪn ˌlɔː]
madrasta (f)	stepmother	['stepˌmʌðə(r)]
padrasto (m)	stepfather	['stepˌfɑːðə(r)]

criança (f) de colo	infant	['ɪnfənt]
bebê (m)	baby	['beɪbɪ]
menino (m)	little boy	['lɪtəl ˌbɔɪ]

| mulher (f) | wife | [waɪf] |
| marido (m) | husband | ['hʌzbənd] |

casado (adj)	married	['mærɪd]
casada (adj)	married	['mærɪd]
solteiro (adj)	single	['sɪŋgəl]
solteirão (m)	bachelor	['bætʃələ(r)]
divorciado (adj)	divorced	[dɪ'vɔːst]
viúva (f)	widow	['wɪdəʊ]
viúvo (m)	widower	['wɪdəʊə(r)]

parente (m)	relative	['relətɪv]
parente (m) próximo	close relative	[ˌkləʊs 'relətɪv]
parente (m) distante	distant relative	['dɪstənt 'relətɪv]
parentes (m pl)	relatives	['relətɪvz]

órfão (m), órfã (f)	orphan	['ɔːfən]
tutor (m)	guardian	['gɑːdjən]
adotar (um filho)	to adopt (vt)	[tə ə'dɒpt]
adotar (uma filha)	to adopt (vt)	[tə ə'dɒpt]

45

Medicina

47. Doenças

doença (f)	illness	['ɪlnɪs]
estar doente	to be ill	[tə bi ɪl]
saúde (f)	health	[helθ]
nariz (m) escorrendo	runny nose	[ˌrʌnɪ 'nəʊz]
amigdalite (f)	tonsillitis	[ˌtɒnsɪ'laɪtɪs]
resfriado (m)	cold	[kəʊld]
ficar resfriado	to catch a cold	[tə kætʃ ə 'kəʊld]
bronquite (f)	bronchitis	[brɒŋ'kaɪtɪs]
pneumonia (f)	pneumonia	[nju:'məʊnɪə]
gripe (f)	flu	[flu:]
míope (adj)	shortsighted	[ʃɔ:t 'saɪtɪd]
presbita (adj)	longsighted	[ˌlɒŋ'saɪtɪd]
estrabismo (m)	squint	[skwɪnt]
estrábico, vesgo (adj)	squint-eyed	[skwɪnt aɪd]
catarata (f)	cataract	['kætərækt]
glaucoma (m)	glaucoma	[glɔ:'kəʊmə]
AVC (m), apoplexia (f)	stroke	[strəʊk]
ataque (m) cardíaco	heart attack	['hɑ:t əˌtæk]
enfarte (m) do miocárdio	myocardial infarction	[ˌmaɪəʊ'kɑ:dɪəl ɪn'fɑ:kʃən]
paralisia (f)	paralysis	[pə'rælɪsɪs]
paralisar (vt)	to paralyse (vt)	[tə 'pærəlaɪz]
alergia (f)	allergy	['ælədʒɪ]
asma (f)	asthma	['æsmə]
diabetes (f)	diabetes	[ˌdaɪə'bi:ti:z]
dor (f) de dente	toothache	['tu:θeɪk]
cárie (f)	caries	['keəri:z]
diarreia (f)	diarrhoea	[ˌdaɪə'rɪə]
prisão (f) de ventre	constipation	[ˌkɒnstɪ'peɪʃən]
desarranjo (m) intestinal	stomach upset	['stʌmək 'ʌpset]
intoxicação (f) alimentar	food poisoning	[fu:d 'pɔɪzənɪŋ]
artrite (f)	arthritis	[ɑ:'θraɪtɪs]
raquitismo (m)	rickets	['rɪkɪts]
reumatismo (m)	rheumatism	['ru:mətɪzəm]
arteriosclerose (f)	atherosclerosis	[ˌæθərəʊsklɪ'rəʊsɪs]
gastrite (f)	gastritis	[gæs'traɪtɪs]
apendicite (f)	appendicitis	[əˌpendɪ'saɪtɪs]
colecistite (f)	cholecystitis	[ˌkɒlɪsɪs'taɪtɪs]

úlcera (f)	ulcer	['ʌlsə(r)]
sarampo (m)	measles	['miːzəlz]
rubéola (f)	rubella	[ruːˈbelə]
icterícia (f)	jaundice	[ˈdʒɔːndɪs]
hepatite (f)	hepatitis	[ˌhepəˈtaɪtɪs]

esquizofrenia (f)	schizophrenia	[ˌskɪtsəˈfriːnɪə]
raiva (f)	rabies	[ˈreɪbiːz]
neurose (f)	neurosis	[ˌnjʊəˈrəʊsɪs]
contusão (f) cerebral	concussion	[kənˈkʌʃən]

câncer (m)	cancer	[ˈkænsə(r)]
esclerose (f)	sclerosis	[skləˈrəʊsɪs]
esclerose (f) múltipla	multiple sclerosis	[ˈmʌltɪpəl skləˈrəʊsɪs]

alcoolismo (m)	alcoholism	[ˈælkəhɒlɪzəm]
alcoólico (m)	alcoholic	[ˌælkəˈhɒlɪk]
sífilis (f)	syphilis	[ˈsɪfɪlɪs]
AIDS (f)	AIDS	[eɪdz]

tumor (m)	tumour	[ˈtjuːmə(r)]
febre (f)	fever	[ˈfiːvə(r)]
malária (f)	malaria	[məˈleərɪə]
gangrena (f)	gangrene	[ˈgæŋgriːn]
enjoo (m)	seasickness	[ˈsiːsɪknɪs]
epilepsia (f)	epilepsy	[ˈepɪlepsɪ]

epidemia (f)	epidemic	[ˌepɪˈdemɪk]
tifo (m)	typhus	[ˈtaɪfəs]
tuberculose (f)	tuberculosis	[tjuːˌbɜːkjʊˈləʊsɪs]
cólera (f)	cholera	[ˈkɒlərə]
peste (f) bubônica	plague	[pleɪg]

48. Sintomas. Tratamentos. Parte 1

sintoma (m)	symptom	[ˈsɪmptəm]
temperatura (f)	temperature	[ˈtemprətʃə(r)]
febre (f)	high temperature, fever	[haɪ ˈtemprətʃə(r)], [ˈfiːvə(r)]
pulso (m)	pulse, heartbeat	[pʌls], [ˈhɑːtbiːt]

vertigem (f)	dizziness	[ˈdɪzɪnɪs]
quente (testa, etc.)	hot	[hɒt]
calafrio (m)	shivering	[ˈʃɪvərɪŋ]
pálido (adj)	pale	[peɪl]

tosse (f)	cough	[kɒf]
tossir (vi)	to cough (vi)	[tə kɒf]
espirrar (vi)	to sneeze (vi)	[tə sniːz]
desmaio (m)	faint	[feɪnt]
desmaiar (vi)	to faint (vi)	[tə feɪnt]

mancha (f) preta	bruise	[bruːz]
galo (m)	bump	[bʌmp]
machucar-se (vr)	to bang (vi)	[tə bæŋ]

| contusão (f) | bruise | [bruːz] |
| machucar-se (vr) | to get a bruise | [tə get ə bruːz] |

mancar (vi)	to limp (vi)	[tə lɪmp]
deslocamento (f)	dislocation	[ˌdɪslə'keɪʃən]
deslocar (vt)	to dislocate (vt)	[tə 'dɪsləkeɪt]
fratura (f)	fracture	['fræktʃə(r)]
fraturar (vt)	to have a fracture	[tə hæv ə 'fræktʃə(r)]

corte (m)	cut	[kʌt]
cortar-se (vr)	to cut oneself	[tə kʌt wʌn'self]
hemorragia (f)	bleeding	['bliːdɪŋ]

| queimadura (f) | burn | [bɜːn] |
| queimar-se (vr) | to get burned | [tə get 'bɜːnd] |

picar (vt)	to prick (vt)	[tə prɪk]
picar-se (vr)	to prick oneself	[tə prɪk wʌn'self]
lesionar (vt)	to injure (vt)	[tə 'ɪndʒə(r)]
lesão (m)	injury	['ɪndʒərɪ]
ferida (f), ferimento (m)	wound	[wuːnd]
trauma (m)	trauma	['trɔːmə]

delirar (vi)	to be delirious	[tə bi dɪ'lɪrɪəs]
gaguejar (vi)	to stutter (vi)	[tə 'stʌtə(r)]
insolação (f)	sunstroke	['sʌnstrəʊk]

49. Sintomas. Tratamentos. Parte 2

| dor (f) | pain, ache | [peɪn], [eɪk] |
| farpa (no dedo, etc.) | splinter | ['splɪntə(r)] |

suor (m)	sweat	[swet]
suar (vi)	to sweat (vi)	[tə swet]
vômito (m)	vomiting	['vɒmɪtɪŋ]
convulsões (f pl)	convulsions	[kən'vʌlʃənz]

grávida (adj)	pregnant	['pregnənt]
nascer (vi)	to be born	[tə bi bɔːn]
parto (m)	delivery, labour	[dɪ'lɪvərɪ], ['leɪbə(r)]
dar à luz	to deliver (vt)	[tə dɪ'lɪvə(r)]
aborto (m)	abortion	[ə'bɔːʃən]

respiração (f)	breathing, respiration	['briːðɪŋ], [ˌrespə'reɪʃən]
inspiração (f)	in-breath, inhalation	['ɪnbreθ], [ˌɪnhə'leɪʃən]
expiração (f)	out-breath, exhalation	['aʊtbreθ], [ˌeksə'leɪʃən]
expirar (vi)	to exhale (vi)	[tə eks'heɪl]
inspirar (vi)	to inhale (vi)	[tə ɪn'heɪl]

inválido (m)	disabled person	[dɪs'eɪbəld 'pɜːsən]
aleijado (m)	cripple	['krɪpəl]
drogado (m)	drug addict	['drʌɡˌædɪkt]
surdo (adj)	deaf	[def]
mudo (adj)	mute	[mjuːt]

surdo-mudo (adj)	deaf mute	[def mju:t]
louco, insano (adj)	mad, insane	[mæd], [ɪn'seɪn]
louco (m)	madman	['mædmən]
louca (f)	madwoman	['mæd‚wʊmən]
ficar louco	to go insane	[tə gəʊ ɪn'seɪn]

gene (m)	gene	[dʒi:n]
imunidade (f)	immunity	[ɪ'mju:nətɪ]
hereditário (adj)	hereditary	[hɪ'redɪtərɪ]
congênito (adj)	congenital	[kən'dʒenɪtəl]

vírus (m)	virus	['vaɪrəs]
micróbio (m)	microbe	['maɪkrəʊb]
bactéria (f)	bacterium	[bæk'tɪərɪəm]
infecção (f)	infection	[ɪn'fekʃən]

50. Sintomas. Tratamentos. Parte 3

hospital (m)	hospital	['hɒspɪtəl]
paciente (m)	patient	['peɪʃənt]

diagnóstico (m)	diagnosis	[‚daɪəg'nəʊsɪs]
cura (f)	cure	[kjʊə]
tratamento (m) médico	treatment	['tri:tmənt]
curar-se (vr)	to get treatment	[tə get 'tri:tmənt]
tratar (vt)	to treat (vt)	[tə tri:t]
cuidar (pessoa)	to nurse (vt)	[tə nɜ:s]
cuidado (m)	care	[keə(r)]

operação (f)	operation, surgery	[‚ɒpə'reɪʃən], ['sɜ:dʒərɪ]
enfaixar (vt)	to bandage (vt)	[tə 'bændɪdʒ]
enfaixamento (m)	bandaging	['bændɪdʒɪŋ]
vacinação (f)	vaccination	[‚væksɪ'neɪʃən]
vacinar (vt)	to vaccinate (vt)	[tə 'væksɪneɪt]
injeção (f)	injection	[ɪn'dʒekʃən]
dar uma injeção	to give an injection	[tə‚gɪv ən ɪn'dʒekʃən]

ataque (~ de asma, etc.)	attack	[ə'tæk]
amputação (f)	amputation	[‚æmpjʊ'teɪʃən]
amputar (vt)	to amputate (vt)	[tə 'æmpjʊteɪt]
coma (f)	coma	['kəʊmə]
estar em coma	to be in a coma	[tə bi ɪn ə 'kəʊmə]
reanimação (f)	intensive care	[ɪn'tensɪv ‚keə(r)]

recuperar-se (vr)	to recover (vi)	[tə rɪ'kʌvə(r)]
estado (~ de saúde)	condition	[kən'dɪʃən]
consciência (perder a ~)	consciousness	['kɒnʃəsnɪs]
memória (f)	memory	['memərɪ]

tirar (vt)	to pull out	[tə ‚pʊl 'aʊt]
obturação (f)	filling	['fɪlɪŋ]
obturar (vt)	to fill (vt)	[tə fɪl]
hipnose (f)	hypnosis	[hɪp'nəʊsɪs]
hipnotizar (vt)	to hypnotize (vt)	[tə 'hɪpnətaɪz]

51. Médicos

médico (m)	doctor	['dɒktə(r)]
enfermeira (f)	nurse	[nɜ:s]
médico (m) pessoal	personal doctor	['pɜ:sənəl 'dɒktə(r)]

dentista (m)	dentist	['dentɪst]
oculista (m)	eye doctor	[aɪ 'dɒktə(r)]
terapeuta (m)	general practitioner	['dʒenərəl præk'tɪʃənə]
cirurgião (m)	surgeon	['sɜ:dʒən]

psiquiatra (m)	psychiatrist	[saɪ'kaɪətrɪst]
pediatra (m)	paediatrician	[ˌpi:dɪə'trɪʃən]
psicólogo (m)	psychologist	[saɪ'kɒlədʒɪst]
ginecologista (m)	gynaecologist	[ˌgaɪnɪ'kɒlədʒɪst]
cardiologista (m)	cardiologist	[ˌkɑ:dɪ'ɒlədʒɪst]

52. Medicina. Drogas. Acessórios

medicamento (m)	medicine, drug	['medsɪn], [drʌg]
remédio (m)	remedy	['remədɪ]
receitar (vt)	to prescribe (vt)	[tə prɪ'skraɪb]
receita (f)	prescription	[prɪ'skrɪpʃən]

comprimido (m)	tablet, pill	['tæblɪt], [pɪl]
unguento (m)	ointment	['ɔɪntmənt]
ampola (f)	ampoule	['æmpu:l]
solução, preparado (m)	mixture	['mɪkstʃə(r)]
xarope (m)	syrup	['sɪrəp]
cápsula (f)	capsule	['kæpsju:l]
pó (m)	powder	['paʊdə(r)]

atadura (f)	bandage	['bændɪdʒ]
algodão (m)	cotton wool	['kɒtən ˌwʊl]
iodo (m)	iodine	['aɪədi:n]

curativo (m) adesivo	plaster	['plɑ:stə(r)]
conta-gotas (m)	eyedropper	[aɪ 'drɒpə(r)]
termômetro (m)	thermometer	[θə'mɒmɪtə(r)]
seringa (f)	syringe	[sɪ'rɪndʒ]

| cadeira (f) de rodas | wheelchair | ['wi:lˌtʃeə(r)] |
| muletas (f pl) | crutches | [krʌtʃɪz] |

analgésico (m)	painkiller	['peɪnˌkɪlə(r)]
laxante (m)	laxative	['læksətɪv]
álcool (m)	spirits (ethanol)	['spɪrɪts], ['eθənɒl]
ervas (f pl) medicinais	medicinal herbs	[mə'dɪsɪnəl hɜ:bz]
de ervas (chá ~)	herbal	['hɜ:bəl]

HABITAT HUMANO

Cidade

53. Cidade. Vida na cidade

cidade (f)	city, town	['sɪtɪ], [taʊn]
capital (f)	capital	['kæpɪtəl]
aldeia (f)	village	['vɪlɪdʒ]
mapa (m) da cidade	city map	['sɪtɪ͵mæp]
centro (m) da cidade	city centre	['sɪtɪ ͵sentə(r)]
subúrbio (m)	suburb	['sʌbɜ:b]
suburbano (adj)	suburban	[sə'bɜ:bən]
periferia (f)	outskirts	['aʊtskɜ:ts]
arredores (m pl)	environs	[ɪn'vaɪərənz]
quarteirão (m)	city block	['sɪtɪ blɒk]
quarteirão (m) residencial	residential quarter	[͵rezɪ'denʃəl 'kwɔ:tə(r)]
tráfego (m)	traffic	['træfɪk]
semáforo (m)	traffic lights	['træfɪk laɪts]
transporte (m) público	public transport	['pʌblɪk 'trænspɔ:t]
cruzamento (m)	crossroads	['krɒsrəʊdz]
faixa (f)	zebra crossing	['zebrə ͵krɒsɪŋ]
túnel (m) subterrâneo	subway	['sʌbweɪ]
cruzar, atravessar (vt)	to cross (vt)	[tə krɒs]
pedestre (m)	pedestrian	[pɪ'destrɪən]
calçada (f)	pavement	['peɪvmənt]
ponte (f)	bridge	[brɪdʒ]
margem (f) do rio	embankment	[ɪm'bæŋkmənt]
alameda (f)	allée	[ale]
parque (m)	park	[pɑ:k]
bulevar (m)	boulevard	['bu:ləvɑ:d]
praça (f)	square	[skweə(r)]
avenida (f)	avenue	['ævənju:]
rua (f)	street	[stri:t]
travessa (f)	side street	[saɪd stri:t]
beco (m) sem saída	dead end	[͵ded 'end]
casa (f)	house	[haʊs]
edifício, prédio (m)	building	['bɪldɪŋ]
arranha-céu (m)	skyscraper	['skaɪ͵skreɪpə(r)]
fachada (f)	facade	[fə'sɑ:d]
telhado (m)	roof	[ru:f]

janela (f)	window	['wɪndəʊ]
arco (m)	arch	[ɑːʧ]
coluna (f)	column	['kɒləm]
esquina (f)	corner	['kɔːnə(r)]

vitrine (f)	shop window	[ʃɒp 'wɪndəʊ]
letreiro (m)	signboard	['saɪnbɔːd]
cartaz (do filme, etc.)	poster	['pəʊstə(r)]
cartaz (m) publicitário	advertising poster	['ædvətaɪzɪŋ 'pəʊstə(r)]
painel (m) publicitário	hoarding	['hɔːdɪŋ]

lixo (m)	rubbish	['rʌbɪʃ]
lata (f) de lixo	rubbish bin	['rʌbɪʃ bɪn]
jogar lixo na rua	to litter (vi)	[tə 'lɪtə(r)]
aterro (m) sanitário	rubbish dump	['rʌbɪʃ dʌmp]

orelhão (m)	phone box	['fəʊn ˌbɒks]
poste (m) de luz	street light	['striːt laɪt]
banco (m)	bench	[benʧ]

polícia (m)	police officer	[pə'liːs 'ɒfɪsə(r)]
polícia (instituição)	police	[pə'liːs]
mendigo, pedinte (m)	beggar	['begə(r)]
desabrigado (m)	homeless	['həʊmlɪs]

54. Instituições urbanas

loja (f)	shop	[ʃɒp]
drogaria (f)	chemist	['kemɪst]
ótica (f)	optician	[ɒp'tɪʃən]
centro (m) comercial	shopping centre	['ʃɒpɪŋ 'sentə(r)]
supermercado (m)	supermarket	['suːpəˌmɑːkɪt]

padaria (f)	bakery	['beɪkərɪ]
padeiro (m)	baker	['beɪkə(r)]
pastelaria (f)	cake shop	[keɪk ʃɒp]
mercearia (f)	grocery shop	['grəʊsərɪ ʃɒp]
açougue (m)	butcher shop	['bʊʧəzʃɒp]

| fruteira (f) | greengrocer | ['griːnˌgrəʊsə] |
| mercado (m) | market | ['mɑːkɪt] |

cafeteria (f)	coffee bar	['kɒfɪ bɑː(r)]
restaurante (m)	restaurant	['restrɒnt]
bar (m)	pub, bar	[pʌb], [bɑː(r)]
pizzaria (f)	pizzeria	[ˌpiːtsə'rɪə]

salão (m) de cabeleireiro	hairdresser	['heəˌdresə(r)]
agência (f) dos correios	post office	[pəʊst 'ɒfɪs]
lavanderia (f)	dry cleaners	[ˌdraɪ 'kliːnəz]
estúdio (m) fotográfico	photo studio	['fəʊtəʊ 'stjuːdɪəʊ]

| sapataria (f) | shoe shop | ['ʃuː ʃɒp] |
| livraria (f) | bookshop | ['bʊkʃɒp] |

loja (f) de artigos esportivos	sports shop	['spɔ:ts ʃɒp]
costureira (m)	clothes repair shop	[kləʊðz rɪ'peə(r) ʃɒp]
aluguel (m) de roupa	formal wear hire	['fɔ:məl weə 'haɪə(r)]
videolocadora (f)	video rental shop	['vɪdɪəʊ 'rentəl stɔ:]
circo (m)	circus	['sɜ:kəs]
jardim (m) zoológico	zoo	[zu:]
cinema (m)	cinema	['sɪnəmə]
museu (m)	museum	[mju:'zi:əm]
biblioteca (f)	library	['laɪbrərɪ]
teatro (m)	theatre	['θɪətə(r)]
ópera (f)	opera	['ɒpərə]
boate (casa noturna)	nightclub	[naɪt klʌb]
cassino (m)	casino	[kə'si:nəʊ]
mesquita (f)	mosque	[mɒsk]
sinagoga (f)	synagogue	['sɪnəgɒg]
catedral (f)	cathedral	[kə'θi:drəl]
templo (m)	temple	['tempəl]
igreja (f)	church	[tʃɜ:tʃ]
faculdade (f)	college	['kɒlɪdʒ]
universidade (f)	university	[ˌju:nɪ'vɜ:sətɪ]
escola (f)	school	[sku:l]
prefeitura (f)	prefecture	['pri:fekˌtjʊə(r)]
câmara (f) municipal	city hall	['sɪtɪ ˌhɔ:l]
hotel (m)	hotel	[həʊ'tel]
banco (m)	bank	[bæŋk]
embaixada (f)	embassy	['embəsɪ]
agência (f) de viagens	travel agency	['trævəl 'eɪdʒənsɪ]
agência (f) de informações	information office	[ˌɪnfə'meɪʃən 'ɒfɪs]
casa (f) de câmbio	currency exchange	['kʌrənsɪ ɪks'tʃeɪndʒ]
metrô (m)	underground, tube	['ʌndəgraʊnd], [tju:b]
hospital (m)	hospital	['hɒspɪtəl]
posto (m) de gasolina	petrol station	['petrəl 'steɪʃən]
parque (m) de estacionamento	car park	[ka: pɑ:k]

55. Sinais

letreiro (m)	signboard	['saɪnbɔ:d]
aviso (m)	notice	['nəʊtɪs]
cartaz, pôster (m)	poster	['pəʊstə(r)]
placa (f) de direção	direction sign	[dɪ'rekʃən saɪn]
seta (f)	arrow	['ærəʊ]
aviso (advertência)	caution	['kɔ:ʃən]
sinal (m) de aviso	warning sign	['wɔ:nɪŋ saɪn]
avisar, advertir (vt)	to warn (vt)	[tə wɔ:n]
dia (m) de folga	rest day	[rest deɪ]

| horário (~ dos trens, etc.) | timetable | ['taɪmˌteɪbəl] |
| horário (m) | opening hours | ['əupənɪŋ ˌaʊəz] |

BEM-VINDOS!	WELCOME!	['welkəm]
ENTRADA	ENTRANCE	['entrəns]
SAÍDA	WAY OUT	[ˌweɪ'aʊt]

EMPURRE	PUSH	[pʊʃ]
PUXE	PULL	[pʊl]
ABERTO	OPEN	['əupən]
FECHADO	CLOSED	[kləʊzd]

| MULHER | WOMEN | ['wɪmɪn] |
| HOMEM | MEN | ['men] |

DESCONTOS	DISCOUNTS	['dɪskaʊnts]
SALDOS, PROMOÇÃO	SALE	[seɪl]
NOVIDADE!	NEW!	[nju:]
GRÁTIS	FREE	[fri:]

ATENÇÃO!	ATTENTION!	[ə'tenʃən]
NÃO HÁ VAGAS	NO VACANCIES	[nəʊ 'veɪkənsɪz]
RESERVADO	RESERVED	[rɪ'zɜ:vd]

| ADMINISTRAÇÃO | ADMINISTRATION | [ədˌmɪnɪ'streɪʃən] |
| SOMENTE PESSOAL AUTORIZADO | STAFF ONLY | [stɑ:f 'əunlɪ] |

CUIDADO CÃO FEROZ	BEWARE OF THE DOG!	[bɪ'weə əv ðə ˌdɒg]
PROIBIDO FUMAR!	NO SMOKING	[nəʊ 'sməʊkɪŋ]
NÃO TOCAR	DO NOT TOUCH!	[ˌdəunt 'tʌtʃ]

PERIGOSO	DANGEROUS	['deɪndʒərəs]
PERIGO	DANGER	['deɪndʒə(r)]
ALTA TENSÃO	HIGH VOLTAGE	[haɪ 'vəʊltɪdʒ]
PROIBIDO NADAR	NO SWIMMING!	[nəʊ 'swɪmɪŋ]
COM DEFEITO	OUT OF ORDER	[ˌaʊt əv 'ɔ:də(r)]

INFLAMÁVEL	FLAMMABLE	['flæməbəl]
PROIBIDO	FORBIDDEN	[fə'bɪdən]
ENTRADA PROIBIDA	NO TRESPASSING!	[nəʊ 'trespəsɪŋ]
CUIDADO TINTA FRESCA	WET PAINT	[wet peɪnt]

56. Transportes urbanos

ônibus (m)	bus, coach	[bʌs], [kəʊtʃ]
bonde (m) elétrico	tram	[træm]
trólebus (m)	trolleybus	['trɒlɪbʌs]
rota (f), itinerário (m)	route	[ru:t]
número (m)	number	['nʌmbə(r)]

ir de ... (carro, etc.)	to go by ...	[tə gəʊ baɪ]
entrar no ...	to get on	[tə get ɒn]
descer do ...	to get off ...	[tə get ɒf]

parada (f)	stop	[stɒp]
próxima parada (f)	next stop	[ˌnekst 'stɒp]
terminal (m)	terminus	['tɜ:mɪnəs]
horário (m)	timetable	['taɪmˌteɪbəl]
esperar (vt)	to wait (vt)	[tə weɪt]
passagem (f)	ticket	['tɪkɪt]
tarifa (f)	fare	[feə(r)]
bilheteiro (m)	cashier	[kæ'ʃɪə(r)]
controle (m) de passagens	ticket inspection	['tɪkɪt ɪn'spekʃən]
revisor (m)	ticket inspector	['tɪkɪt ɪn'spektə]
atrasar-se (vr)	to be late	[tə bi 'leɪt]
estar com pressa	to be in a hurry	[tə bi ɪn ə 'hʌrɪ]
táxi (m)	taxi, cab	['tæksɪ], [kæb]
taxista (m)	taxi driver	['tæksɪ 'draɪvə(r)]
de táxi (ir ~)	by taxi	[baɪ 'tæksɪ]
ponto (m) de táxis	taxi rank	['tæksɪ ræŋk]
chamar um táxi	to call a taxi	[tə kɔ:l ə 'tæksɪ]
pegar um táxi	to take a taxi	[tə ˌteɪk ə 'tæksɪ]
tráfego (m)	traffic	['træfɪk]
engarrafamento (m)	traffic jam	['træfɪk dʒæm]
horas (f pl) de pico	rush hour	['rʌʃ ˌaʊə(r)]
estacionar (vi)	to park (vi)	[tə pɑ:k]
estacionar (vt)	to park (vt)	[tə pɑ:k]
parque (m) de estacionamento	car park	[kɑ: pɑ:k]
metrô (m)	underground, tube	['ʌndəgraʊnd], [tju:b]
estação (f)	station	['steɪʃən]
ir de metrô	to take the tube	[tə ˌteɪk ðə tju:b]
trem (m)	train	[treɪn]
estação (f) de trem	train station	[treɪn 'steɪʃən]

57. Turismo

monumento (m)	monument	['mɒnjʊmənt]
fortaleza (f)	fortress	['fɔ:trɪs]
palácio (m)	palace	['pælɪs]
castelo (m)	castle	['kɑ:səl]
torre (f)	tower	['taʊə(r)]
mausoléu (m)	mausoleum	[ˌmɔ:zə'lɪəm]
arquitetura (f)	architecture	['ɑ:kɪtektʃə(r)]
medieval (adj)	medieval	[ˌmedɪ'i:vəl]
antigo (adj)	ancient	['eɪnʃənt]
nacional (adj)	national	['næʃənəl]
famoso, conhecido (adj)	famous	['feɪməs]
turista (m)	tourist	['tʊərɪst]
guia (pessoa)	guide	[gaɪd]
excursão (f)	excursion	[ɪk'skɜ:ʃən]

mostrar (vt)	to show (vt)	[tə ʃəʊ]
contar (vt)	to tell (vt)	[tə tel]

encontrar (vt)	to find (vt)	[tə faɪnd]
perder-se (vr)	to get lost	[tə get lɒst]
mapa (~ do metrô)	map	[mæp]
mapa (~ da cidade)	map	[mæp]

lembrança (f), presente (m)	souvenir, gift	[ˌsuːvə'nɪə], [gɪft]
loja (f) de presentes	gift shop	['gɪftˌʃɒp]
tirar fotos, fotografar	to take pictures	[tə ˌteɪk 'pɪktʃəz]

58. Compras

comprar (vt)	to buy (vt)	[tə baɪ]
compra (f)	shopping	['ʃɒpɪŋ]
fazer compras	to go shopping	[tə gəʊ 'ʃɒpɪŋ]
compras (f pl)	shopping	['ʃɒpɪŋ]

estar aberta (loja)	to be open	[tə bi 'əʊpən]
estar fechada	to be closed	[tə bi kləʊzd]

calçado (m)	footwear, shoes	['fʊtweə(r)], [ʃuːz]
roupa (f)	clothes, clothing	[kləʊðz], ['kləʊðɪŋ]
cosméticos (m pl)	cosmetics	[kɒz'metɪks]
alimentos (m pl)	food products	[fuːd 'prɒdʌkts]
presente (m)	gift, present	[gɪft], ['prezənt]

vendedor (m)	shop assistant	[ʃɒp ə'sɪstənt]
vendedora (f)	shop assistant	[ʃɒp ə'sɪstənt]
caixa (f)	cash desk	[kæʃ desk]
espelho (m)	mirror	['mɪrə(r)]
balcão (m)	counter	['kaʊntə(r)]
provador (m)	fitting room	['fɪtɪŋ ˌrum]

provar (vt)	to try on (vt)	[tə ˌtraɪ 'ɒn]
servir (roupa, caber)	to fit (vt)	[tə fɪt]
gostar (apreciar)	to fancy (vt)	[tə 'fænsɪ]

preço (m)	price	[praɪs]
etiqueta (f) de preço	price tag	['praɪs tæg]
custar (vt)	to cost (vt)	[tə kɒst]
Quanto?	How much?	[ˌhaʊ 'mʌtʃ]
desconto (m)	discount	['dɪskaʊnt]

não caro (adj)	inexpensive	[ˌɪnɪk'spensɪv]
barato (adj)	cheap	[tʃiːp]
caro (adj)	expensive	[ɪk'spensɪv]
É caro	It's expensive	[ɪts ɪk'spensɪv]

aluguel (m)	hire	['haɪə(r)]
alugar (roupas, etc.)	to hire (vt)	[tə 'haɪə(r)]
crédito (m)	credit	['kredɪt]
a crédito	on credit	[ɒn 'kredɪt]

59. Dinheiro

dinheiro (m)	money	['mʌnɪ]
câmbio (m)	currency exchange	['kʌrənsɪ ɪks'tʃeɪndʒ]
taxa (f) de câmbio	exchange rate	[ɪks'tʃeɪndʒ reɪt]
caixa (m) eletrônico	cashpoint	['kæʃpɔɪnt]
moeda (f)	coin	[kɔɪn]
dólar (m)	dollar	['dɒlə(r)]
euro (m)	euro	['jʊərəʊ]
lira (f)	lira	['lɪərə]
marco (m)	Deutschmark	['dɔɪtʃmɑːk]
franco (m)	franc	[fræŋk]
libra (f) esterlina	pound sterling	[paʊnd 'stɜːlɪŋ]
iene (m)	yen	[jen]
dívida (f)	debt	[det]
devedor (m)	debtor	['detə(r)]
emprestar (vt)	to lend (vt)	[tə lend]
pedir emprestado	to borrow (vt)	[tə 'bɒrəʊ]
banco (m)	bank	[bæŋk]
conta (f)	account	[ə'kaʊnt]
depositar (vt)	to deposit (vt)	[tə dɪ'pɒzɪt]
cartão (m) de crédito	credit card	['kredɪt kɑːd]
dinheiro (m) vivo	cash	[kæʃ]
cheque (m)	cheque	[tʃek]
passar um cheque	to write a cheque	[tə ˌraɪt ə 'tʃek]
talão (m) de cheques	chequebook	['tʃekˌbʊk]
carteira (f)	wallet	['wɒlɪt]
niqueleira (f)	purse	[pɜːs]
cofre (m)	safe	[seɪf]
herdeiro (m)	heir	[eə(r)]
herança (f)	inheritance	[ɪn'herɪtəns]
fortuna (riqueza)	fortune	['fɔːtʃuːn]
arrendamento (m)	lease	[liːs]
aluguel (pagar o ~)	rent	[rent]
alugar (vt)	to rent (vt)	[tə rent]
preço (m)	price	[praɪs]
custo (m)	cost	[kɒst]
soma (f)	sum	[sʌm]
gastos (m pl)	expenses	[ɪk'spensɪz]
economizar (vi)	to economize (vi, vt)	[tə ɪ'kɒnəmaɪz]
econômico (adj)	economical	[ˌiːkə'nɒmɪkəl]
pagar (vt)	to pay (vi, vt)	[tə peɪ]
pagamento (m)	payment	['peɪmənt]
troco (m)	change	[tʃeɪndʒ]

57

imposto (m)	tax	[tæks]
multa (f)	fine	[faɪn]
multar (vt)	to fine (vt)	[tə faɪn]

60. Correios. Serviço postal

agência (f) dos correios	post office	[pəʊst 'ɒfɪs]
correio (m)	post	[pəʊst]
carteiro (m)	postman	[pəʊstmən]
horário (m)	opening hours	['əʊpənɪŋ ˌaʊəz]

carta (f)	letter	['letə(r)]
carta (f) registada	registered letter	['redʒɪstəd 'letə(r)]
cartão (m) postal	postcard	['pəʊstkɑːd]
telegrama (m)	telegram	['telɪgræm]
encomenda (f)	parcel	['pɑːsəl]
transferência (f) de dinheiro	money transfer	['mʌnɪ trænsˈfɜː(r)]

receber (vt)	to receive (vt)	[tə rɪˈsiːv]
enviar (vt)	to send (vt)	[tə send]
envio (m)	sending	['sendɪŋ]

endereço (m)	address	[əˈdres]
código (m) postal	postcode	['pəʊstkəʊd]
remetente (m)	sender	['sendə(r)]
destinatário (m)	receiver	[rɪˈsiːvə(r)]

| nome (m) | first name | [fɜːst neɪm] |
| sobrenome (m) | surname, last name | ['sɜːneɪm], [lɑːst neɪm] |

tarifa (f)	rate	[reɪt]
ordinário (adj)	standard	['stændəd]
econômico (adj)	economical	[ˌiːkəˈnɒmɪkəl]

peso (m)	weight	[weɪt]
pesar (estabelecer o peso)	to weigh (vt)	[tə weɪ]
envelope (m)	envelope	['envələʊp]
selo (m) postal	postage stamp	['pəʊstɪdʒ ˌstæmp]
colar o selo	to stamp an envelope	[tə stæmp ən 'envələʊp]

Moradia. Casa. Lar

61. Casa. Eletricidade

eletricidade (f)	electricity	[ˌɪlek'trɪsətɪ]
lâmpada (f)	light bulb	['laɪt ˌbʌlb]
interruptor (m)	switch	[swɪtʃ]
fusível, disjuntor (m)	fuse	[fjuːz]
fio, cabo (m)	cable, wire	['keɪbəl], ['waɪə]
instalação (f) elétrica	wiring	['waɪərɪŋ]
medidor (m) de eletricidade	electricity meter	[ˌɪlek'trɪsətɪ 'miːtə(r)]
indicação (f), registro (m)	readings	['riːdɪŋz]

62. Moradia. Mansão

casa (f) de campo	country house	['kʌntrɪ haʊs]
vila (f)	country-villa	['kʌntrɪ 'vɪlə]
ala (~ do edifício)	wing	[wɪŋ]
jardim (m)	garden	['gɑːdən]
parque (m)	park	[pɑːk]
estufa (f)	conservatory	[kən'sɜːvətrɪ]
cuidar de ...	to look after	[tə lʊk 'ɑːftə]
piscina (f)	swimming pool	['swɪmɪŋ puːl]
academia (f) de ginástica	gym	[dʒɪm]
quadra (f) de tênis	tennis court	['tenɪs kɔːt]
cinema (m)	home cinema room	[həʊm 'sɪnəmə rʊm]
garagem (f)	garage	[gə'rɑːʒ]
propriedade (f) privada	private property	['praɪvɪt 'prɒpətɪ]
terreno (m) privado	private land	['praɪvɪt lænd]
advertência (f)	warning	['wɔːnɪŋ]
sinal (m) de aviso	warning sign	['wɔːnɪŋ saɪn]
guarda (f)	security	[sɪ'kjʊərətɪ]
guarda (m)	security guard	[sɪ'kjʊərətɪ gɑːd]
alarme (m)	burglar alarm	['bɜːglə ə'lɑːm]

63. Apartamento

apartamento (m)	flat	[flæt]
quarto, cômodo (m)	room	[rʊm]

quarto (m) de dormir	bedroom	['bedrʊm]
sala (f) de jantar	dining room	['daɪnɪŋ rʊm]
sala (f) de estar	living room	['lɪvɪŋ ru:m]
escritório (m)	study	['stʌdɪ]

sala (f) de entrada	entry room	['entrɪ ru:m]
banheiro (m)	bathroom	['bɑ:θrʊm]
lavabo (m)	water closet	['wɔ:tə 'klɒzɪt]

teto (m)	ceiling	['si:lɪŋ]
chão, piso (m)	floor	[flɔ:(r)]
canto (m)	corner	['kɔ:nə(r)]

64. Mobiliário. Interior

mobiliário (m)	furniture	['fɜ:nɪtʃə(r)]
mesa (f)	table	['teɪbəl]
cadeira (f)	chair	[tʃeə(r)]
cama (f)	bed	[bed]

| sofá, divã (m) | sofa, settee | ['səʊfə], [se'ti:] |
| poltrona (f) | armchair | ['ɑ:mtʃeə(r)] |

| estante (f) | bookcase | ['bʊkkeɪs] |
| prateleira (f) | shelf | [ʃelf] |

guarda-roupas (m)	wardrobe	['wɔ:drəʊb]
cabide (m) de parede	coat rack	['kəʊt ˌræk]
cabideiro (m) de pé	coat stand	['kəʊt stænd]

| cômoda (f) | chest of drawers | [ˌtʃest əv 'drɔ:z] |
| mesinha (f) de centro | coffee table | ['kɒfɪ 'teɪbəl] |

espelho (m)	mirror	['mɪrə(r)]
tapete (m)	carpet	['kɑ:pɪt]
tapete (m) pequeno	small carpet	[smɔ:l 'kɑ:pɪt]

lareira (f)	fireplace	['faɪəpleɪs]
vela (f)	candle	['kændəl]
castiçal (m)	candlestick	['kændəlstɪk]

cortinas (f pl)	drapes	[dreɪps]
papel (m) de parede	wallpaper	['wɔ:lˌpeɪpə(r)]
persianas (f pl)	blinds	[blaɪndz]

luminária (f) de mesa	table lamp	['teɪbəl læmp]
abajur (m) de pé	standard lamp	['stændəd læmp]
lustre (m)	chandelier	[ˌʃændə'lɪə(r)]

| pé (de mesa, etc.) | leg | [leg] |
| braço, descanso (m) | armrest | ['ɑ:mrest] |

| costas (f pl) | back | [bæk] |
| gaveta (f) | drawer | [drɔ:(r)] |

65. Quarto de dormir

roupa (f) de cama	bedclothes	['bedkləʊðz]
travesseiro (m)	pillow	['pɪləʊ]
fronha (f)	pillowslip	['pɪləʊslɪp]
cobertor (m)	duvet	['duːveɪ]
lençol (m)	sheet	[ʃiːt]
colcha (f)	bedspread	['bedspred]

66. Cozinha

cozinha (f)	kitchen	['kɪtʃɪn]
gás (m)	gas	[gæs]
fogão (m) a gás	gas cooker	[gæs 'kʊkə(r)]
fogão (m) elétrico	electric cooker	[ɪ'lektrɪk 'kʊkə(r)]
forno (m)	oven	['ʌvən]
forno (m) de micro-ondas	microwave oven	['maɪkrəweɪv 'ʌvən]

geladeira (f)	refrigerator	[rɪ'frɪdʒəreɪtə(r)]
congelador (m)	freezer	['friːzə(r)]
máquina (f) de lavar louça	dishwasher	['dɪʃˌwɒʃə(r)]

moedor (m) de carne	mincer	['mɪnsə(r)]
espremedor (m)	juicer	['dʒuːsə]
torradeira (f)	toaster	['təʊstə(r)]
batedeira (f)	mixer	['mɪksə(r)]

máquina (f) de café	coffee machine	['kɒfɪ mə'ʃiːn]
cafeteira (f)	coffee pot	['kɒfɪ pɒt]
moedor (m) de café	coffee grinder	['kɒfɪ 'graɪndə(r)]

chaleira (f)	kettle	['ketəl]
bule (m)	teapot	['tiːpɒt]
tampa (f)	lid	[lɪd]
coador (m) de chá	tea strainer	[tiː 'streɪnə(r)]

colher (f)	spoon	[spuːn]
colher (f) de chá	teaspoon	['tiːspuːn]
colher (f) de sopa	soup spoon	[suːp spuːn]
garfo (m)	fork	[fɔːk]
faca (f)	knife	[naɪf]

louça (f)	tableware	['teɪbəlweə(r)]
prato (m)	plate	[pleɪt]
pires (m)	saucer	['sɔːsə(r)]

cálice (m)	shot glass	[ʃɒt glɑːs]
copo (m)	glass	[glɑːs]
xícara (f)	cup	[kʌp]

açucareiro (m)	sugar bowl	['ʃʊgə ˌbəʊl]
saleiro (m)	salt cellar	[sɔːlt 'selə(r)]
pimenteiro (m)	pepper pot	['pepə(r) pɒt]

manteigueira (f)	butter dish	['bʌtə dɪʃ]
panela (f)	stock pot	[stɒk pɒt]
frigideira (f)	frying pan	['fraɪɪŋ pæn]
concha (f)	ladle	['leɪdəl]
coador (m)	colander	['kʌləndə(r)]
bandeja (f)	tray	[treɪ]

garrafa (f)	bottle	['bɒtəl]
pote (m) de vidro	jar	[dʒɑː(r)]
lata (~ de cerveja)	tin	[tɪn]

abridor (m) de garrafa	bottle opener	['bɒtəl 'əʊpənə(r)]
abridor (m) de latas	tin opener	[tɪn 'əʊpənə(r)]
saca-rolhas (m)	corkscrew	['kɔːkskruː]
filtro (m)	filter	['fɪltə(r)]
filtrar (vt)	to filter (vt)	[tə 'fɪltə(r)]

| lixo (m) | waste | [weɪst] |
| lixeira (f) | waste bin | [weɪst bɪn] |

67. Casa de banho

banheiro (m)	bathroom	['bɑːθrʊm]
água (f)	water	['wɔːtə(r)]
torneira (f)	tap	[tæp]
água (f) quente	hot water	[hɒt 'wɔːtə(r)]
água (f) fria	cold water	[ˌkəʊld 'wɔːtə(r)]

| pasta (f) de dente | toothpaste | ['tuːθpeɪst] |
| escovar os dentes | to clean one's teeth | [tə kliːn wʌns 'tiːθ] |

barbear-se (vr)	to shave (vi)	[tə ʃeɪv]
espuma (f) de barbear	shaving foam	['ʃeɪvɪŋ fəʊm]
gilete (f)	razor	['reɪzə(r)]

lavar (vt)	to wash (vt)	[tə wɒʃ]
tomar banho	to have a bath	[tə hæv ə bɑːθ]
chuveiro (m), ducha (f)	shower	['ʃaʊə(r)]
tomar uma ducha	to have a shower	[tə hæv ə 'ʃaʊə(r)]

banheira (f)	bath	[bɑːθ]
vaso (m) sanitário	toilet	['tɔɪlɪt]
pia (f)	sink, washbasin	[sɪŋk], ['wɒʃˌbeɪsən]

| sabonete (m) | soap | [səʊp] |
| saboneteira (f) | soap dish | ['səʊpdɪʃ] |

esponja (f)	sponge	[spʌndʒ]
xampu (m)	shampoo	[ʃæm'puː]
toalha (f)	towel	['taʊəl]
roupão (m) de banho	bathrobe	['bɑːθrəʊb]

| lavagem (f) | laundry | ['lɔːndrɪ] |
| lavadora (f) de roupas | washing machine | ['wɒʃɪŋ mə'ʃiːn] |

| lavar a roupa | to do the laundry | [tə du: ðə 'lɔːndrɪ] |
| detergente (m) | washing powder | ['wɒʃɪŋ 'paʊdə(r)] |

68. Eletrodomésticos

televisor (m)	TV, telly	[ˌtiː'viː], ['telɪ]
gravador (m)	tape recorder	[teɪp rɪ'kɔːdə(r)]
videogravador (m)	video	['vɪdɪəʊ]
rádio (m)	radio	['reɪdɪəʊ]
leitor (m)	player	['pleɪə(r)]

projetor (m)	video projector	['vɪdɪəʊ prə'dʒektə(r)]
cinema (m) em casa	home cinema	[həʊm 'sɪnəmə]
DVD Player (m)	DVD player	[ˌdiːviː'diː 'pleɪə(r)]
amplificador (m)	amplifier	['æmplɪfaɪə]
console (f) de jogos	video game console	['vɪdɪəʊ geɪm 'kɒnsəʊl]

câmera (f) de vídeo	video camera	['vɪdɪəʊ 'kæmərə]
máquina (f) fotográfica	camera	['kæmərə]
câmera (f) digital	digital camera	['dɪdʒɪtəl 'kæmərə]

aspirador (m)	vacuum cleaner	['vækjʊəm 'kliːnə(r)]
ferro (m) de passar	iron	['aɪən]
tábua (f) de passar	ironing board	['aɪrənɪŋ bɔːd]

telefone (m)	telephone	['telɪfəʊn]
celular (m)	mobile phone	['məʊbaɪl fəʊn]
máquina (f) de escrever	typewriter	['taɪpˌraɪtə(r)]
máquina (f) de costura	sewing machine	['səʊɪŋ mə'ʃiːn]

microfone (m)	microphone	['maɪkrəfəʊn]
fone (m) de ouvido	headphones	['hedfəʊnz]
controle remoto (m)	remote control	[rɪ'məʊt kən'trəʊl]

CD (m)	CD, compact disc	[ˌsiː'diː], [kəm'pækt dɪsk]
fita (f) cassete	cassette, tape	[kæ'set], [teɪp]
disco (m) de vinil	vinyl record	['vaɪnɪl 'rekɔːd]

ATIVIDADES HUMANAS

Emprego. Negócios. Parte 1

69. Escritório. O trabalho no escritório

escritório (~ de advogados)	office	['ɒfɪs]
escritório (do diretor, etc.)	office	['ɒfɪs]
secretário (m)	secretary	['sekrətərɪ]
secretária (f)	secretary	['sekrətərɪ]
diretor (m)	director	[dɪ'rektə(r)]
gerente (m)	manager	['mænɪʤə(r)]
contador (m)	accountant	[ə'kaʊntənt]
empregado (m)	employee	[ɪm'plɔɪi:]
mobiliário (m)	furniture	['fɜːnɪʧə(r)]
mesa (f)	desk	[desk]
cadeira (f)	desk chair	[desk ʃeə(r)]
gaveteiro (m)	drawer unit	[drɔːr 'juːnɪt]
cabideiro (m) de pé	coat stand	['kəʊt stænd]
computador (m)	computer	[kəm'pjuːtə(r)]
impressora (f)	printer	['prɪntə(r)]
fax (m)	fax machine	[fæks mə'ʃiːn]
fotocopiadora (f)	photocopier	['fəʊtəʊˌkɒpɪə]
papel (m)	paper	['peɪpə(r)]
artigos (m pl) de escritório	office supplies	['ɒfɪs sə'plaɪs]
tapete (m) para mouse	mouse mat	['maʊs mæt]
folha (f)	sheet of paper	[ʃiːt əv 'peɪpə]
catálogo (m)	catalogue	['kætəlɒg]
lista (f) telefônica	phone directory	['fəʊn dɪ'rektərɪ]
documentação (f)	documentation	[ˌdɒkjʊmen'teɪʃən]
brochura (f)	brochure	['brəʊʃə(r)]
panfleto (m)	leaflet	['liːflɪt]
amostra (f)	sample	['sɑːmpəl]
formação (f)	training meeting	['treɪnɪŋ 'miːtɪŋ]
reunião (f)	meeting	['miːtɪŋ]
hora (f) de almoço	lunch time	['lʌnʧ ˌtaɪm]
fazer uma cópia	to make a copy	[tə meɪk ə 'kɒpɪ]
tirar cópias	to make multiple copies	[tə meɪk 'mʌltɪpəl 'kɒpɪs]
receber um fax	to receive a fax	[tə rɪ'siːv ə 'fæks]
enviar um fax	to send a fax	[tə ˌsend ə 'fæks]
fazer uma chamada	to ring (vi, vt)	[tə rɪŋ]
responder (vt)	to answer (vi, vt)	[tə 'ɑːnsə(r)]

passar (vt)	to put through	[tə pʊt θru:]
marcar (vt)	to arrange (vt)	[tə ə'reɪndʒ]
demonstrar (vt)	to demonstrate (vt)	[tə 'demənstreɪt]
estar ausente	to be absent	[tə bi 'æbsənt]
ausência (f)	absence	['æbsəns]

70. Processos negociais. Parte 1

negócio (m)	business	['bɪznɪs]
firma, empresa (f)	firm	[fɜ:m]
companhia (f)	company	['kʌmpənɪ]
corporação (f)	corporation	[ˌkɔ:pə'reɪʃən]
empresa (f)	enterprise	['entəpraɪz]
agência (f)	agency	['eɪdʒənsɪ]

acordo (documento)	agreement	[ə'gri:mənt]
contrato (m)	contract	['kɒntrækt]
acordo (transação)	deal	[di:l]
pedido (m)	order, command	['ɔ:də(r)], [kə'mɑ:nd]
termos (m pl)	terms	[tɜ:mz]

por atacado	wholesale	['həʊlseɪl]
por atacado (adj)	wholesale	['həʊlseɪl]
venda (f) por atacado	wholesale	['həʊlseɪl]
a varejo	retail	['ri:teɪl]
venda (f) a varejo	retail	['ri:teɪl]

concorrente (m)	competitor	[kəm'petɪtə(r)]
concorrência (f)	competition	[ˌkɒmpɪ'tɪʃən]
competir (vi)	to compete (vi)	[tə kəm'pi:t]

sócio (m)	partner, associate	['pɑ:tnə(r)], [ə'səʊʃɪət]
parceria (f)	partnership	['pɑ:tnəʃɪp]

crise (f)	crisis	['kraɪsɪs]
falência (f)	bankruptcy	['bæŋkrʌptsɪ]
entrar em falência	to go bankrupt	[tə gəʊ 'bæŋkrʌpt]
dificuldade (f)	difficulty	['dɪfɪkəltɪ]
problema (m)	problem	['prɒbləm]
catástrofe (f)	catastrophe	[kə'tæstrəfɪ]

economia (f)	economy	[ɪ'kɒnəmɪ]
econômico (adj)	economic	[ˌi:kə'nɒmɪk]
recessão (f) econômica	economic recession	[ˌi:kə'nɒmɪk rɪ'seʃən]

objetivo (m)	goal, purpose	[gəʊl], ['pɜ:pəs]
tarefa (f)	task	[tɑ:sk]

comerciar (vi, vt)	to trade (vi)	[tə treɪd]
rede (de distribuição)	network	['netwɜ:k]
estoque (m)	inventory	['ɪnvəntərɪ]
sortimento (m)	range, assortment	[reɪndʒ], [ə'sɔ:tmənt]
líder (m)	leader	['li:də(r)]
grande (~ empresa)	big, large	[bɪg], [lɑ:dʒ]

monopólio (m)	monopoly	[mə'nɒpəlɪ]
teoria (f)	theory	['θɪərɪ]
prática (f)	practice	['præktɪs]
experiência (f)	experience	[ɪk'spɪərɪəns]
tendência (f)	trend	[trend]
desenvolvimento (m)	development	[dɪ'veləpmənt]

71. Processos negociais. Parte 2

| rentabilidade (f) | profit | ['prɒfɪt] |
| rentável (adj) | profitable | ['prɒfɪtəbəl] |

delegação (f)	delegation	[ˌdelɪ'geɪʃən]
salário, ordenado (m)	salary	['sælərɪ]
corrigir (~ um erro)	to correct (vt)	[tə kə'rekt]
viagem (f) de negócios	business trip	['bɪznɪs trɪp]
comissão (f)	commission	[kə'mɪʃən]

controlar (vt)	to control (vt)	[tə kən'trəʊl]
conferência (f)	conference	['kɒnfərəns]
licença (f)	licence	['laɪsəns]
confiável (adj)	reliable	[rɪ'laɪəbəl]

empreendimento (m)	initiative	[ɪ'nɪʃətɪv]
norma (f)	norm	[nɔːm]
circunstância (f)	circumstance	['sɜːkəmstəns]
dever (do empregado)	duty	['djuːtɪ]

empresa (f)	organization	[ˌɔːɡənaɪ'zeɪʃən]
organização (f)	organization	[ˌɔːɡənaɪ'zeɪʃən]
organizado (adj)	organized	['ɔːɡənaɪzd]
anulação (f)	cancellation	[ˌkænsə'leɪʃən]
anular, cancelar (vt)	to cancel (vt)	[tə 'kænsəl]
relatório (m)	report	[rɪ'pɔːt]

patente (f)	patent	['peɪtənt]
patentear (vt)	to patent (vt)	[tə peɪtənt]
planejar (vt)	to plan (vt)	[tə plæn]

bônus (m)	bonus	['bəʊnəs]
profissional (adj)	professional	[prə'feʃənəl]
procedimento (m)	procedure	[prə'siːdʒə(r)]

examinar (~ a questão)	to examine (vt)	[tə ɪɡ'zæmɪn]
cálculo (m)	calculation	[ˌkælkjʊ'leɪʃən]
reputação (f)	reputation	[ˌrepjʊ'teɪʃən]
risco (m)	risk	[rɪsk]

dirigir (~ uma empresa)	to manage (vt)	[tə 'mænɪdʒ]
informação (f)	information	[ˌɪnfə'meɪʃən]
propriedade (f)	property	['prɒpətɪ]
união (f)	union	['juːnɪən]
seguro (m) de vida	life insurance	[laɪf ɪn'ʃɔːrəns]
fazer um seguro	to insure (vt)	[tu ɪn'ʃɔː(r)]

seguro (m)	insurance	[ɪnˈʃɔ:rəns]
leilão (m)	auction	[ˈɔ:kʃən]
notificar (vt)	to notify (vt)	[tə ˈnəʊtɪfaɪ]
gestão (f)	management	[ˈmænɪdʒmənt]
serviço (indústria de ~s)	service	[ˈsɜ:vɪs]

fórum (m)	forum	[ˈfɔ:rəm]
funcionar (vi)	to function (vi)	[tə ˈfʌŋkʃən]
estágio (m)	stage	[steɪdʒ]
jurídico, legal (adj)	legal	[ˈli:gəl]
advogado (m)	lawyer	[ˈlɔ:jə(r)]

72. Produção. Trabalhos

usina (f)	plant	[plɑ:nt]
fábrica (f)	factory	[ˈfæktərɪ]
oficina (f)	workshop	[ˈwɜ:kʃɒp]
local (m) de produção	production site	[prəˈdʌkʃən saɪt]

indústria (f)	industry	[ˈɪndʌstrɪ]
industrial (adj)	industrial	[ɪnˈdʌstrɪəl]
indústria (f) pesada	heavy industry	[ˈhevɪ ˈɪndʌstrɪ]
indústria (f) ligeira	light industry	[laɪt ˈɪndʌstrɪ]

produção (f)	products	[ˈprɒdʌkts]
produzir (vt)	to produce (vt)	[tə prəˈdju:s]
matérias-primas (f pl)	raw materials	[rɔ: məˈtɪərɪəlz]

chefe (m) de obras	foreman	[ˈfɔ:mən]
equipe (f)	workers team	[ˈwɜ:kəz ti:m]
operário (m)	worker	[ˈwɜ:kə(r)]

dia (m) de trabalho	working day	[ˈwɜ:kɪŋ deɪ]
intervalo (m)	pause, break	[pɔ:z], [breɪk]
reunião (f)	meeting	[ˈmi:tɪŋ]
discutir (vt)	to discuss (vt)	[tə dɪsˈkʌs]

plano (m)	plan	[plæn]
cumprir o plano	to fulfil the plan	[tə fʊlˈfɪl ðə plæn]
taxa (f) de produção	rate of output	[reɪt əv ˈaʊtpʊt]
qualidade (f)	quality	[ˈkwɒlɪtɪ]
controle (m)	checking	[ˈtʃekɪŋ]
controle (m) da qualidade	quality control	[ˈkwɒlɪtɪ kənˈtrəʊl]

segurança (f) no trabalho	workplace safety	[ˈwɜ:kpleɪs ˈseɪftɪ]
disciplina (f)	discipline	[ˈdɪsɪplɪn]
infração (f)	violation	[ˌvaɪəˈleɪʃən]
violar (as regras)	to violate (vt)	[tə ˈvaɪəleɪt]

greve (f)	strike	[straɪk]
grevista (m)	striker	[ˈstraɪkə(r)]
estar em greve	to be on strike	[tə bi ɒn straɪk]
sindicato (m)	trade union	[treɪd ˈju:nɪən]
inventar (vt)	to invent (vt)	[tə ɪnˈvent]

invenção (f)	invention	[ɪn'venʃən]
pesquisa (f)	research	[rɪ'sɜːtʃ]
melhorar (vt)	to improve (vt)	[tu ɪm'pruːv]
tecnologia (f)	technology	[tek'nɒlədʒɪ]
desenho (m) técnico	technical drawing	['teknɪkəl 'drɔːɪŋ]

carga (f)	load, cargo	[ləʊd], ['kɑːgəʊ]
carregador (m)	loader	['ləʊdə(r)]
carregar (o caminhão, etc.)	to load (vt)	[tə ləʊd]
carregamento (m)	loading	['ləʊdɪŋ]

descarregar (vt)	to unload (vi, vt)	[tə ˌʌn'ləʊd]
descarga (f)	unloading	[ˌʌn'ləʊdɪŋ]

transporte (m)	transport	['trænspɔːt]
companhia (f) de transporte	transport company	['trænspɔːt 'kʌmpənɪ]
transportar (vt)	to transport (vt)	[tə træn'spɔːt]

vagão (m) de carga	wagon	['wægən]
tanque (m)	tank	[tæŋk]
caminhão (m)	lorry	['lɒrɪ]

máquina (f) operatriz	machine tool	[mə'ʃiːn tuːl]
mecanismo (m)	mechanism	['mekənɪzəm]

resíduos (m pl) industriais	industrial waste	[ɪn'dʌstrɪəl weɪst]
embalagem (f)	packing	['pækɪŋ]
embalar (vt)	to pack (vt)	[tə pæk]

73. Contrato. Acordo

contrato (m)	contract	['kɒntrækt]
acordo (m)	agreement	[ə'griːmənt]
adendo, anexo (m)	addendum	[ə'dendəm]

assinar o contrato	to sign a contract	[tə saɪn ə 'kɒntrækt]
assinatura (f)	signature	['sɪgnətʃə(r)]

assinar (vt)	to sign (vt)	[tə saɪn]
carimbo (m)	stamp, seal	[stæmp], [siːl]

objeto (m) do contrato	subject of the contract	['sʌbdʒɪkt əv ðə 'kɒntrækt]
cláusula (f)	clause	[klɔːz]

partes (f pl)	parties	['pɑːtɪz]
domicílio (m) legal	legal address	['liːgəl ə'dres]

violar o contrato	to violate the contract	[tə 'vaɪəleɪt ðə 'kɒntrækt]
obrigação (f)	commitment	[kə'mɪtmənt]

responsabilidade (f)	responsibility	[rɪˌspɒnsə'bɪlɪtɪ]
força (f) maior	force majeure	[fɔːs mæ'ʒɜː]
litígio (m), disputa (f)	dispute	[dɪ'spjuːt]
multas (f pl)	penalties	['penəltɪz]

74. Importação & Exportação

importação (f)	import	['ɪmpɔ:t]
importador (m)	importer	[ɪm'pɔ:tə(r)]
importar (vt)	to import (vt)	[tə ɪm'pɔ:t]
de importação	import	['ɪmpɔ:t]
exportação (f)	export	['ekspɔ:t]
exportador (m)	exporter	[ek'spɔ:tə(r)]
exportar (vt)	to export (vi, vt)	[tə ɪk'spɔ:t]
de exportação	export	['ekspɔ:t]
mercadoria (f)	goods	[gʊdz]
lote (de mercadorias)	consignment, lot	[ˌkən'saɪnmənt], [lɒt]
peso (m)	weight	[weɪt]
volume (m)	volume	['vɒlju:m]
metro (m) cúbico	cubic metre	['kju:bɪk 'mi:tə(r)]
produtor (m)	manufacturer	[ˌmænjʊ'fæktʃərə(r)]
companhia (f) de transporte	transport company	['trænspɔ:t 'kʌmpənɪ]
contêiner (m)	container	[kən'teɪnə(r)]
fronteira (f)	border	['bɔ:də(r)]
alfândega (f)	customs	['kʌstəmz]
taxa (f) alfandegária	customs duty	['kʌstəmz 'dju:tɪ]
funcionário (m) da alfândega	customs officer	['kʌstəmz 'ɒfɪsə(r)]
contrabando (atividade)	smuggling	['smʌglɪŋ]
contrabando (produtos)	contraband	['kɒntrəbænd]

75. Finanças

ação (f)	share, stock	[ʃeə(r)], [stɒk]
obrigação (f)	bond	[bɒnd]
nota (f) promissória	promissory note	['prɒmɪsərɪ nəʊt]
bolsa (f) de valores	stock exchange	[stɒk ɪks'tʃeɪndʒ]
cotação (m) das ações	stock price	[stɒk praɪs]
tornar-se mais barato	to go down	[tə gəʊ daʊn]
tornar-se mais caro	to go up	[tə gəʊ ʌp]
parte (f)	share	[ʃeə(r)]
participação (f) majoritária	controlling interest	[kən'trəʊlɪŋ 'ɪntrəst]
investimento (m)	investment	[ɪn'vestmənt]
investir (vt)	to invest (vi, vt)	[tu ɪn'vest]
porcentagem (f)	percent	[pə'sent]
juros (m pl)	interest	['ɪntrəst]
lucro (m)	profit	['prɒfɪt]
lucrativo (adj)	profitable	['prɒfɪtəbəl]
imposto (m)	tax	[tæks]

divisa (f)	currency	['kʌrənsı]
nacional (adj)	national	['næʃənəl]
câmbio (m)	exchange	[ıks'ʧeındʒ]

| contador (m) | accountant | [ə'kaʊntənt] |
| contabilidade (f) | accounting | [ə'kaʊnts dı'pɑ:tmənt] |

falência (f)	bankruptcy	['bæŋkrʌptsı]
estar quebrado	to be ruined	[tə bi: 'ru:ınd]
inflação (f)	inflation	[ın'fleıʃən]
desvalorização (f)	devaluation	['di:ˌvælju'eıʃən]

capital (m)	capital	['kæpıtəl]
rendimento (m)	income	['ıŋkʌm]
volume (m) de negócios	turnover	['tɜːnˌəʊvə(r)]
recursos (m pl)	resources	[rı'sɔːsız]
recursos (m pl) financeiros	monetary resources	['mʌnıtərı rı'sɔːsız]

| despesas (f pl) gerais | overheads | ['əʊvəhedz] |
| reduzir (vt) | to reduce (vt) | [tə rı'dju:s] |

76. Marketing

marketing (m)	marketing	['mɑːkıtıŋ]
mercado (m)	market	['mɑːkıt]
segmento (m) do mercado	market segment	['mɑːkıt 'segmənt]
produto (m)	product	['prɒdʌkt]
mercadoria (f)	goods	[gʊdz]

marca (f)	brand	[brænd]
marca (f) registrada	trade mark	[treıd mɑːk]
logo (m)	logo	['ləʊgəʊ]

demanda (f)	demand	[dı'mɑːnd]
oferta (f)	supply	[sə'plaı]
necessidade (f)	need	[ni:d]
consumidor (m)	consumer	[kən'sju:mə(r)]

análise (f)	analysis	[ə'næləsıs]
analisar (vt)	to analyse (vt)	[tu 'ænəlaız]
posicionamento (m)	positioning	[pə'zıʃənıŋ]
posicionar (vt)	to position (vt)	[tə pə'zıʃən]

preço (m)	price	[praıs]
política (f) de preços	pricing policy	['praısıŋ 'pɒləsı]
formação (f) de preços	price formation	[praıs fɔː'meıʃən]

77. Publicidade

publicidade (f)	advertising	['ædvətaızıŋ]
fazer publicidade	to advertise (vt)	[tə 'ædvətaız]
orçamento (m)	budget	['bʌdʒıt]

anúncio (m)	advertisement	[əd'vɜːtɪsmənt]
publicidade (f) na TV	TV advertising	[ˌtiː'viː 'ædvətaɪzɪŋ]
publicidade (f) na rádio	radio advertising	['reɪdɪəu 'ædvətaɪzɪŋ]
publicidade (f) exterior	outdoor advertising	['autdɔː(r) 'ædvətaɪzɪŋ]

comunicação (f) de massa	mass medias	[mæs 'miːdɪəs]
periódico (m)	periodical	[ˌpɪərɪ'ɒdɪkəl]
imagem (f)	image	['ɪmɪdʒ]

slogan (m)	slogan	['sləugən]
mote (m), lema (f)	motto	['mɒtəu]

campanha (f)	campaign	[kæm'peɪn]
campanha (f) publicitária	advertising campaign	['ædvətaɪzɪŋ kæm'peɪn]
grupo (m) alvo	target group	['tɑːgɪt gruːp]

cartão (m) de visita	business card	['bɪznɪs kɑːd]
panfleto (m)	leaflet	['liːflɪt]
brochura (f)	brochure	['brəuʃə(r)]
folheto (m)	pamphlet	['pæmflɪt]
boletim (~ informativo)	newsletter	['njuːzˌletə(r)]

letreiro (m)	signboard	['saɪnbɔːd]
cartaz, pôster (m)	poster	['pəustə(r)]
painel (m) publicitário	hoarding	['hɔːdɪŋ]

78. Banca

banco (m)	bank	[bæŋk]
balcão (f)	branch	[brɑːntʃ]

consultor (m) bancário	consultant	[kən'sʌltənt]
gerente (m)	manager	['mænɪdʒə(r)]

conta (f)	bank account	[bæŋk ə'kaunt]
número (m) da conta	account number	[ə'kaunt 'nʌmbə(r)]
conta (f) corrente	current account	['kʌrənt ə'kaunt]
conta (f) poupança	deposit account	[dɪ'pɒzɪt ə'kaunt]

abrir uma conta	to open an account	[tu 'əupən ən ə'kaunt]
fechar uma conta	to close the account	[tə kləuz ðɪ ə'kaunt]

depósito (m)	deposit	[dɪ'pɒzɪt]
fazer um depósito	to make a deposit	[tə meɪk ə dɪ'pɒzɪt]
transferência (f) bancária	wire transfer	['waɪə 'trænsfɜː(r)]
transferir (vt)	to wire, to transfer	[tə 'waɪə], [tə træns'fɜː]

soma (f)	sum	[sʌm]
Quanto?	How much?	[ˌhau 'mʌtʃ]

assinatura (f)	signature	['sɪgnətʃə(r)]
assinar (vt)	to sign (vt)	[tə saɪn]
cartão (m) de crédito	credit card	['kredɪt kɑːd]
senha (f)	code	[kəud]

| número (m) do cartão de crédito | credit card number | ['kredɪt kɑːd 'nʌmbə(r)] |
| caixa (m) eletrônico | cashpoint | ['kæʃpɔɪnt] |

cheque (m)	cheque	[ʧek]
passar um cheque	to write a cheque	[tə ˌraɪt ə 'ʧek]
talão (m) de cheques	chequebook	['ʧekˌbʊk]

empréstimo (m)	loan	[ləʊn]
pedir um empréstimo	to apply for a loan	[tə ə'plaɪ fɔːrə ləʊn]
obter empréstimo	to get a loan	[tə get ə ləʊn]
dar um empréstimo	to give a loan	[tə gɪv ə ləʊn]
garantia (f)	guarantee	[ˌgærən'tiː]

79. Telefone. Conversação telefônica

telefone (m)	telephone	['telɪfəʊn]
celular (m)	mobile phone	['məʊbaɪl fəʊn]
secretária (f) eletrônica	answerphone	['ænsəfəʊn]

| fazer uma chamada | to ring (vi, vt) | [tə rɪŋ] |
| chamada (f) | call, ring | [kɔːl], [rɪŋ] |

discar um número	to dial a number	[tə 'daɪəl ə 'nʌmbə(r)]
Alô!	Hello!	[hə'ləʊ]
perguntar (vt)	to ask (vt)	[tə ɑːsk]
responder (vt)	to answer (vi, vt)	[tə 'ɑːnsə(r)]

ouvir (vt)	to hear (vt)	[tə hɪə(r)]
bem	well	[wel]
mal	not well	[nɒt wel]
ruído (m)	noises	[nɔɪzɪz]
fone (m)	receiver	[rɪ'siːvə(r)]
pegar o telefone	to pick up the phone	[tə pɪk ʌp ðə fəʊn]
desligar (vi)	to hang up	[tə hæŋg ʌp]

ocupado (adj)	busy	['bɪzɪ]
tocar (vi)	to ring (vi)	[tə rɪŋ]
lista (f) telefônica	telephone book	['telɪfəʊn bʊk]

local (adj)	local	['ləʊkəl]
chamada (f) local	local call	['ləʊkəl kɔːl]
de longa distância	trunk	[trʌŋk]
chamada (f) de longa distância	trunk call	[trʌŋk kɔːl]
internacional (adj)	international	[ˌɪntə'næʃənəl]
chamada (f) internacional	international call	[ˌɪntə'næʃənəl kɔːl]

80. Telefone móvel

| celular (m) | mobile phone | ['məʊbaɪl fəʊn] |
| tela (f) | display | [dɪ'spleɪ] |

| botão (m) | button | ['bʌtən] |
| cartão SIM (m) | SIM card | [sɪm kɑːd] |

bateria (f)	battery	['bætərɪ]
descarregar-se (vr)	to be flat	[tə bi flæt]
carregador (m)	charger	['tʃɑːdʒə(r)]

menu (m)	menu	['menjuː]
configurações (f pl)	settings	['setɪŋz]
melodia (f)	tune	[tjuːn]
escolher (vt)	to select (vt)	[tə sɪ'lekt]

calculadora (f)	calculator	['kælkjʊleɪtə(r)]
correio (m) de voz	voice mail	[vɔɪs meɪl]
despertador (m)	alarm clock	[ə'lɑːm klɒk]
contatos (m pl)	contacts	['kɒntækts]

| mensagem (f) de texto | SMS | [ˌesem'es] |
| assinante (m) | subscriber | [səb'skraɪbə(r)] |

81. Estacionário

| caneta (f) | ballpoint pen | ['bɔːlpɔɪnt pen] |
| caneta (f) tinteiro | fountain pen | ['faʊntɪn pen] |

lápis (m)	pencil	['pensəl]
marcador (m) de texto	highlighter	['haɪlaɪtə(r)]
caneta (f) hidrográfica	felt-tip pen	[felt tɪp pen]

| bloco (m) de notas | notepad | ['nəʊtpæd] |
| agenda (f) | diary | ['daɪərɪ] |

régua (f)	ruler	['ruːlə(r)]
calculadora (f)	calculator	['kælkjʊleɪtə(r)]
borracha (f)	rubber	['rʌbə(r)]
alfinete (m)	drawing pin	['drɔːɪŋ pɪn]
clipe (m)	paper clip	['peɪpə klɪp]

cola (f)	glue	[gluː]
grampeador (m)	stapler	['steɪplə(r)]
furador (m) de papel	hole punch	[həʊl pʌntʃ]
apontador (m)	pencil sharpener	['pensəl 'ʃɑːpənə(r)]

82. Tipos de negócios

| serviços (m pl) de contabilidade | accounting services | [ə'kaʊntɪŋ 'sɜːvɪsɪz] |

publicidade (f)	advertising	['ædvətaɪzɪŋ]
agência (f) de publicidade	advertising agency	['ædvətaɪzɪŋ 'eɪdʒənsɪ]
ar (m) condicionado	air-conditioners	[eə kən'dɪʃənəz]
companhia (f) aérea	airline	['eəlaɪn]
bebidas (f pl) alcoólicas	alcoholic beverages	[ˌælkə'hɒlɪk 'bevərɪdʒɪz]

comércio (m) de antiguidades	antiquities	[æn'tıkwətız]
galeria (f) de arte	art gallery	[ɑːt 'gælərı]
serviços (m pl) de auditoria	audit services	['ɔːdıt 'sɜːvısız]

negócios (m pl) bancários	banking industry	['bæŋkıŋ 'ındʌstrı]
bar (m)	pub	[pʌb]
salão (m) de beleza	beauty salon	['bjuːtı 'sælɒn]
livraria (f)	bookshop	['bʊkʃɒp]
cervejaria (f)	brewery	['brʊərı]
centro (m) de escritórios	business centre	['bıznıs 'sentə(r)]
escola (f) de negócios	business school	['bıznıs skuːl]

cassino (m)	casino	[kə'siːnəʊ]
construção (f)	construction	[kən'strʌkʃən]
consultoria (f)	consulting	[kən'sʌltıŋ]

clínica (f) dentária	dental clinic	['dentəl 'klınık]
design (m)	design	[dı'zaın]
drogaria (f)	chemist	['kemıst]
lavanderia (f)	dry cleaners	[ˌdraı 'kliːnəz]
agência (f) de emprego	employment agency	[ım'plɔımənt 'eıdʒənsı]

serviços (m pl) financeiros	financial services	[faı'nænʃəl 'sɜːvısız]
alimentos (m pl)	food products	[fuːd 'prɒdʌkts]
funerária (f)	undertakers	['ʌndəˌteıkəs]
mobiliário (m)	furniture	['fɜːnıtʃə(r)]
roupa (f)	clothing, garment	['kləʊðıŋ], ['gɑːmənt]
hotel (m)	hotel	[həʊ'tel]

sorvete (m)	ice-cream	[aıs kriːm]
indústria (f)	industry	['ındʌstrı]
seguro (~ de vida, etc.)	insurance	[ın'ʃɔːrəns]
internet (f)	Internet	['ıntənet]
investimento (m)	investments	[ın'vestmənts]

joalheiro (m)	jeweller	['dʒuːələ(r)]
joias (f pl)	jewellery	['dʒuːəlrı]
lavanderia (f)	laundry	['lɔːndrı]
assessorias (f pl) jurídicas	legal adviser	['liːgəl əd'vaızə(r)]
indústria (f) ligeira	light industry	[laıt 'ındʌstrı]

revista (f)	magazine	[ˌmægə'ziːn]
vendas (f pl) por catálogo	mail order selling	[meıl 'ɔːdə 'selıŋ]
medicina (f)	medicine	['medsın]
cinema (m)	cinema	['sınəmə]
museu (m)	museum	[mjuː'ziːəm]

agência (f) de notícias	news agency	[njuːz 'eıdʒənsı]
jornal (m)	newspaper	['njuːzˌpeıpə(r)]
boate (casa noturna)	nightclub	[naıt klʌb]

petróleo (m)	oil, petroleum	[ɔıl], [pı'trəʊlıəm]
serviços (m pl) de remessa	courier services	['kʊrıə(r) 'sɜːvısız]
indústria (f) farmacêutica	pharmaceutics	[ˌfɑːmə'sjuːtıks]
tipografia (f)	printing	['prıntıŋ]
editora (f)	publishing house	['pʌblıʃıŋ ˌhaʊs]

rádio (m)	radio	['reɪdɪəʊ]
imobiliário (m)	real estate	[rɪəl ɪ'steɪt]
restaurante (m)	restaurant	['restrɒnt]

empresa (f) de segurança	security company	[sɪ'kjʊərətɪ 'kʌmpənɪ]
esporte (m)	sport	[spɔːt]
bolsa (f) de valores	stock exchange	[stɒk ɪks'tʃeɪndʒ]
loja (f)	shop	[ʃɒp]
supermercado (m)	supermarket	['suːpəˌmɑːkɪt]
piscina (f)	swimming pool	['swɪmɪŋ puːl]

alfaiataria (f)	tailors	['teɪləz]
televisão (f)	television	['telɪˌvɪʒən]
teatro (m)	theatre	['θɪətə(r)]
comércio (m)	trade	[treɪd]
serviços (m pl) de transporte	transport companies	['trænspɔːt 'kʌmpənɪz]
viagens (f pl)	travel	['trævəl]

veterinário (m)	veterinary surgeon	['vetərɪnrɪ 'sɜːdʒən]
armazém (m)	warehouse	['weəhaʊs]
recolha (f) do lixo	waste collection	[weɪst kə'lekʃən]

Emprego. Negócios. Parte 2

83. Espetáculo. Feira

feira, exposição (f)	exhibition, show	[ˌeksɪ'bɪʃən], [ʃəʊ]
feira (f) comercial	trade show	[treɪd ʃəʊ]
participação (f)	participation	[pɑːˌtɪsɪ'peɪʃən]
participar (vi)	to participate (vi)	[tə pɑː'tɪsɪpeɪt]
participante (m)	participant	[pɑː'tɪsɪpənt]
diretor (m)	director	[dɪ'rektə(r)]
organizador (m)	organizer	['ɔːgənaɪzə(r)]
organizar (vt)	to organize (vt)	[tə 'ɔːgənaɪz]
ficha (f) de inscrição	participation form	[pɑːˌtɪsɪ'peɪʃən fɔːm]
preencher (vt)	to fill in (vt)	[tə fɪl 'ɪn]
detalhes (m pl)	details	['diːteɪlz]
informação (f)	information	[ˌɪnfə'meɪʃən]
preço (m)	price	[praɪs]
incluindo	including	[ɪn'kluːdɪŋ]
incluir (vt)	to include (vt)	[tu ɪn'kluːd]
pagar (vt)	to pay (vi, vt)	[tə peɪ]
taxa (f) de inscrição	registration fee	[ˌredʒɪ'streɪʃən fiː]
entrada (f)	entrance	['entrəns]
pavilhão (m), salão (f)	pavilion, hall	[pə'vɪljən], [hɔːl]
inscrever (vt)	to register (vt)	[tə 'redʒɪstə(r)]
crachá (m)	badge	[bædʒ]
stand (m)	stand	[stænd]
reservar (vt)	to reserve, to book	[tə rɪ'zɜːv], [tə bʊk]
vitrine (f)	display case	[dɪ'spleɪ keɪs]
lâmpada (f)	spotlight	['spɒtlaɪt]
design (m)	design	[dɪ'zaɪn]
pôr (posicionar)	to place (vt)	[tə pleɪs]
ser colocado, -a	to be placed	[tə bi pleɪst]
distribuidor (m)	distributor	[dɪ'strɪbjʊtə(r)]
fornecedor (m)	supplier	[sə'plaɪə(r)]
fornecer (vt)	to supply (vt)	[tə sə'plaɪ]
país (m)	country	['kʌntrɪ]
estrangeiro (adj)	foreign	['fɒrən]
produto (m)	product	['prɒdʌkt]
associação (f)	association	[əˌsəʊsɪ'eɪʃən]
sala (f) de conferência	conference hall	['kɒnfərəns hɔːl]
congresso (m)	congress	['kɒŋgres]

concurso (m)	contest	['kɒntest]
visitante (m)	visitor	['vɪzɪtə(r)]
visitar (vt)	to visit (vt)	[tə 'vɪzɪt]
cliente (m)	customer	['kʌstəmə(r)]

84. Ciência. Investigação. Cientistas

ciência (f)	science	['saɪəns]
científico (adj)	scientific	[ˌsaɪən'tɪfɪk]
cientista (m)	scientist	['saɪəntɪst]
teoria (f)	theory	['θɪərɪ]

axioma (m)	axiom	['æksɪəm]
análise (f)	analysis	[ə'næləsɪs]
analisar (vt)	to analyse (vt)	[tu 'ænəlaɪz]
argumento (m)	argument	['ɑːgjʊmənt]
substância (f)	substance	['sʌbstəns]

hipótese (f)	hypothesis	[haɪ'pɒθɪsɪs]
dilema (m)	dilemma	[dɪ'lemə]
tese (f)	dissertation	[ˌdɪsə'teɪʃən]
dogma (m)	dogma	['dɒgmə]

doutrina (f)	doctrine	['dɒktrɪn]
pesquisa (f)	research	[rɪ's3ːtʃ]
pesquisar (vt)	to research (vt)	[tə rɪ's3ːtʃ]
testes (m pl)	tests	[tests]
laboratório (m)	laboratory	[lə'bɒrətrɪ]

método (m)	method	['meθəd]
molécula (f)	molecule	['mɒlɪkjuːl]
monitoramento (m)	monitoring	['mɒnɪtərɪŋ]
descoberta (f)	discovery	[dɪ'skʌvərɪ]

postulado (m)	postulate	['pɒstjʊlət]
princípio (m)	principle	['prɪnsɪpəl]
prognóstico (previsão)	forecast	['fɔːkɑːst]
prognosticar (vt)	to forecast (vt)	[tə 'fɔːkɑːst]

síntese (f)	synthesis	['sɪnθəsɪs]
tendência (f)	trend	[trend]
teorema (m)	theorem	['θɪərəm]

ensinamentos (m pl)	teachings	['tiːtʃɪŋz]
fato (m)	fact	[fækt]
expedição (f)	expedition	[ˌekspɪ'dɪʃən]
experiência (f)	experiment	[ɪk'sperɪmənt]

acadêmico (m)	academician	[əˌkædə'mɪʃən]
bacharel (m)	bachelor	['bætʃələ(r)]
doutor (m)	doctor, PhD	['dɒktə(r)], [ˌpiːeɪtʃ'diː]
professor (m) associado	Associate Professor	[ə'səʊʃɪət prə'fesə(r)]
mestrado (m)	Master	['mɑːstə(r)]
professor (m)	professor	[prə'fesə(r)]

Profissões e ocupações

85. Procura de emprego. Demissão

trabalho (m)	job	[dʒɒb]
equipe (f)	staff	[stɑːf]
pessoal (m)	personnel	[ˌpɜːsəˈnel]
carreira (f)	career	[kəˈrɪə(r)]
perspectivas (f pl)	prospects	[ˈprɒspekts]
habilidades (f pl)	skills, mastery	[skɪls], [ˈmɑːstərɪ]
seleção (f)	selection	[sɪˈlekʃən]
agência (f) de emprego	employment agency	[ɪmˈplɔɪmənt ˈeɪdʒənsɪ]
currículo (m)	CV	[ˌsiːˈviː]
entrevista (f) de emprego	job interview	[ˈdʒɒb ˌɪntəvjuː]
vaga (f)	vacancy	[ˈveɪkənsɪ]
salário (m)	salary, pay	[ˈsælərɪ], [peɪ]
pagamento (m)	pay, compensation	[peɪ], [ˌkɒmpenˈseɪʃən]
cargo (m)	position	[pəˈzɪʃən]
dever (do empregado)	duty	[ˈdjuːtɪ]
gama (f) de deveres	range of duties	[reɪndʒ əv ˈdjuːtɪz]
ocupado (adj)	busy	[ˈbɪzɪ]
despedir, demitir (vt)	to fire, to dismiss	[tə ˈfaɪə], [tə dɪsˈmɪs]
demissão (f)	dismissal	[dɪsˈmɪsəl]
desemprego (m)	unemployment	[ˌʌnɪmˈplɔɪmənt]
desempregado (m)	unemployed	[ˌʌnɪmˈplɔɪd]
aposentadoria (f)	retirement	[rɪˈtaɪəmənt]
aposentar-se (vr)	to retire (vi)	[tə rɪˈtaɪə(r)]

86. Gente de negócios

diretor (m)	director	[dɪˈrektə(r)]
gerente (m)	manager	[ˈmænɪdʒə(r)]
patrão, chefe (m)	boss	[bɒs]
superior (m)	superior	[suːˈpɪərɪə]
superiores (m pl)	superiors	[suːˈpɪərɪərz]
presidente (m)	president	[ˈprezɪdənt]
chairman (m)	chairman	[ˈtʃeəmən]
substituto (m)	deputy	[ˈdepjʊtɪ]
assistente (m)	assistant	[əˈsɪstənt]
secretário (m)	secretary	[ˈsekrətərɪ]

secretário (m) pessoal	personal assistant	[ˈpɜːsənəl əˈsɪstənt]
homem (m) de negócios	businessman	[ˈbɪznɪsmæn]
empreendedor (m)	entrepreneur	[ˌɒntrəprəˈnɜː(r)]
fundador (m)	founder	[ˈfaʊndə(r)]
fundar (vt)	to found (vt)	[tə faʊnd]
principiador (m)	incorporator	[ɪnˈkɔːpəreɪtə]
parceiro, sócio (m)	partner	[ˈpɑːtnə(r)]
acionista (m)	shareholder	[ˈʃeəˌhəʊldə(r)]
milionário (m)	millionaire	[ˌmɪljəˈneə(r)]
bilionário (m)	billionaire	[ˌbɪljəˈneə(r)]
proprietário (m)	owner	[ˈəʊnə(r)]
proprietário (m) de terras	landowner	[ˈlændˌəʊnə(r)]
cliente (m)	client	[ˈklaɪənt]
cliente (m) habitual	regular client	[ˈregjʊlə ˈklaɪənt]
comprador (m)	buyer	[ˈbaɪə(r)]
visitante (m)	visitor	[ˈvɪzɪtə(r)]
profissional (m)	professional	[prəˈfeʃənəl]
perito (m)	expert	[ˈekspɜːt]
especialista (m)	specialist	[ˈspeʃəlɪst]
banqueiro (m)	banker	[ˈbæŋkə(r)]
corretor (m)	broker	[ˈbrəʊkə(r)]
caixa (m, f)	cashier	[kæˈʃɪə(r)]
contador (m)	accountant	[əˈkaʊntənt]
guarda (m)	security guard	[sɪˈkjʊərətɪ gɑːd]
investidor (m)	investor	[ɪnˈvestə(r)]
devedor (m)	debtor	[ˈdetə(r)]
credor (m)	creditor	[ˈkredɪtə(r)]
mutuário (m)	borrower	[ˈbɒrəʊə(r)]
importador (m)	importer	[ɪmˈpɔːtə(r)]
exportador (m)	exporter	[ekˈspɔːtə(r)]
produtor (m)	manufacturer	[ˌmænjʊˈfæktʃərə(r)]
distribuidor (m)	distributor	[dɪˈstrɪbjʊtə(r)]
intermediário (m)	middleman	[ˈmɪdəlmæn]
consultor (m)	consultant	[kənˈsʌltənt]
representante comercial	sales representative	[ˈseɪlz ˌreprɪˈzentətɪv]
agente (m)	agent	[ˈeɪdʒənt]
agente (m) de seguros	insurance agent	[ɪnˈʃɔːrəns ˈeɪdʒənt]

87. Profissões de serviços

cozinheiro (m)	cook	[kʊk]
chefe (m) de cozinha	chef	[ʃef]
barman (m)	barman	[ˈbɑːmən]
garçom (m)	waiter	[ˈweɪtə(r)]

garçonete (f)	waitress	['weɪtrɪs]
advogado (m)	lawyer, barrister	['lɔːjə(r)], ['bærɪstə(r)]
jurista (m)	lawyer	['lɔːjə(r)]
notário (m)	notary public	['nəʊtərɪ 'pʌblɪk]

eletricista (m)	electrician	[ˌɪlek'trɪʃən]
encanador (m)	plumber	['plʌmə(r)]
carpinteiro (m)	carpenter	['kɑːpəntə(r)]

massagista (m)	masseur	[mæ'sɜː]
massagista (f)	masseuse	[mæ'suːz]
médico (m)	doctor	['dɒktə(r)]

taxista (m)	taxi driver	['tæksɪ 'draɪvə(r)]
condutor (automobilista)	driver	['draɪvə(r)]
entregador (m)	delivery man	[dɪ'lɪvərɪ mæn]

camareira (f)	chambermaid	['tʃeɪmbəˌmeɪd]
guarda (m)	security guard	[sɪ'kjʊərətɪ gɑːd]
aeromoça (f)	stewardess	['stjʊədɪs]

professor (m)	teacher	['tiːtʃə(r)]
bibliotecário (m)	librarian	[laɪ'breərɪən]
tradutor (m)	translator	[træns'leɪtə(r)]
intérprete (m)	interpreter	[ɪn'tɜːprɪtə(r)]
guia (m)	guide	[gaɪd]

cabeleireiro (m)	hairdresser	['heəˌdresə(r)]
carteiro (m)	postman	[pəʊstmən]
vendedor (m)	shop assistant	[ʃɒp ə'sɪstənt]

jardineiro (m)	gardener	['gɑːdnə(r)]
criado (m)	servant	['sɜːvənt]
criada (f)	maid	[meɪd]
empregada (f) de limpeza	cleaner	['kliːnə(r)]

88. Profissões militares e postos

soldado (m) raso	private	['praɪvɪt]
sargento (m)	sergeant	['sɑːdʒənt]
tenente (m)	lieutenant	[lef'tenənt]
capitão (m)	captain	['kæptɪn]

major (m)	major	['meɪdʒə(r)]
coronel (m)	colonel	['kɜːnəl]
general (m)	general	['dʒenərəl]
marechal (m)	marshal	['mɑːʃəl]
almirante (m)	admiral	['ædmərəl]

militar (m)	military	['mɪlɪtərɪ]
soldado (m)	soldier	['səʊldʒə(r)]
oficial (m)	officer	['ɒfɪsə(r)]
comandante (m)	commander	[kə'mɑːndə(r)]
guarda (m) de fronteira	border guard	['bɔːdə gɑːd]

operador (m) de rádio	radio operator	['reɪdɪəʊ 'ɒpəreɪtə(r)]
explorador (m)	scout	[skaʊt]
sapador-mineiro (m)	pioneer	[ˌpaɪə'nɪə(r)]
atirador (m)	marksman	['mɑːksmən]
navegador (m)	navigator	['nævɪgeɪtə(r)]

89. Oficiais. Padres

rei (m)	king	[kɪŋ]
rainha (f)	queen	[kwiːn]

príncipe (m)	prince	[prɪns]
princesa (f)	princess	[prɪn'ses]

czar (m)	czar	[zɑː(r)]
czarina (f)	czarina	[zɑː'riːnə]

presidente (m)	President	['prezɪdənt]
ministro (m)	Minister	['mɪnɪstə(r)]
primeiro-ministro (m)	Prime Minister	[praɪm 'mɪnɪstə(r)]
senador (m)	Senator	['senətə(r)]

diplomata (m)	diplomat	['dɪpləmæt]
cônsul (m)	consul	['kɒnsəl]
embaixador (m)	ambassador	[æm'bæsədə(r)]
conselheiro (m)	counsellor	['kaʊnsələ(r)]

funcionário (m)	official, functionary	[ə'fɪʃəl], ['fʌŋkʃənərɪ]
prefeito (m)	prefect	['priːfekt]
Presidente (m) da Câmara	mayor	[meə(r)]

juiz (m)	judge	[dʒʌdʒ]
procurador (m)	prosecutor	['prɒsɪkjuːtə(r)]

missionário (m)	missionary	['mɪʃənrɪ]
monge (m)	monk	[mʌŋk]
abade (m)	abbot	['æbət]
rabino (m)	rabbi	['ræbaɪ]

vizir (m)	vizier	[vɪ'zɪə(r)]
xá (m)	shah	[ʃɑː]
xeique (m)	sheikh	[ʃeɪk]

90. Profissões agrícolas

abelheiro (m)	beekeeper	['biːˌkiːpə(r)]
pastor (m)	shepherd	['ʃepəd]
agrônomo (m)	agronomist	[ə'grɒnəmɪst]
criador (m) de gado	cattle breeder	['kætəl 'briːdə(r)]
veterinário (m)	veterinary surgeon	['vetərɪnrɪ 'sɜːdʒən]
agricultor, fazendeiro (m)	farmer	['fɑːmə(r)]
vinicultor (m)	winemaker	['waɪn ˌmeɪkə(r)]

| zoólogo (m) | zoologist | [zəʊˈɒlədʒɪst] |
| vaqueiro (m) | cowboy | [ˈkaʊbɔɪ] |

91. Profissões artísticas

| ator (m) | actor | [ˈæktə(r)] |
| atriz (f) | actress | [ˈæktrɪs] |

| cantor (m) | singer | [ˈsɪŋə(r)] |
| cantora (f) | singer | [ˈsɪŋə(r)] |

| bailarino (m) | dancer | [ˈdɑːnsə(r)] |
| bailarina (f) | dancer | [ˈdɑːnsə(r)] |

músico (m)	musician	[mjuːˈzɪʃən]
pianista (m)	pianist	[ˈpɪənɪst]
guitarrista (m)	guitar player	[gɪˈtɑːr ˈpleɪə(r)]

maestro (m)	conductor	[kənˈdʌktə(r)]
compositor (m)	composer	[kəmˈpəʊzə(r)]
empresário (m)	impresario	[ˌɪmprɪˈsɑːrɪəʊ]

diretor (m) de cinema	film director	[fɪlm dɪˈrektə(r)]
produtor (m)	producer	[prəˈdjuːsə(r)]
roteirista (m)	scriptwriter	[ˈskrɪptˌraɪtə(r)]
crítico (m)	critic	[ˈkrɪtɪk]

escritor (m)	writer	[ˈraɪtə(r)]
poeta (m)	poet	[ˈpəʊɪt]
escultor (m)	sculptor	[ˈskʌlptə(r)]
pintor (m)	artist, painter	[ˈɑːtɪst], [ˈpeɪntə(r)]

malabarista (m)	juggler	[ˈdʒʌglə(r)]
palhaço (m)	clown	[klaʊn]
acrobata (m)	acrobat	[ˈækrəbæt]
ilusionista (m)	magician	[məˈdʒɪʃən]

92. Várias profissões

médico (m)	doctor	[ˈdɒktə(r)]
enfermeira (f)	nurse	[nɜːs]
psiquiatra (m)	psychiatrist	[saɪˈkaɪətrɪst]
dentista (m)	dentist	[ˈdentɪst]
cirurgião (m)	surgeon	[ˈsɜːdʒən]

astronauta (m)	astronaut	[ˈæstrənɔːt]
astrônomo (m)	astronomer	[əˈstrɒnəmə(r)]
piloto (m)	pilot	[ˈpaɪlət]

motorista (m)	driver	[ˈdraɪvə(r)]
maquinista (m)	train driver	[treɪn ˈdraɪvə(r)]
mecânico (m)	mechanic	[mɪˈkænɪk]

mineiro (m)	miner	['maɪnə(r)]
operário (m)	worker	['wɜːkə(r)]
serralheiro (m)	locksmith	['lɒksmɪθ]
marceneiro (m)	joiner	['dʒɔɪnə(r)]
torneiro (m)	turner	['tɜːnə(r)]
construtor (m)	building worker	['bɪldɪŋ ˌwɜːkə(r)]
soldador (m)	welder	[weldə(r)]

professor (m)	professor	[prə'fesə(r)]
arquiteto (m)	architect	['ɑːkɪtekt]
historiador (m)	historian	[hɪ'stɔːrɪən]
cientista (m)	scientist	['saɪəntɪst]
físico (m)	physicist	['fɪzɪsɪst]
químico (m)	chemist	['kemɪst]

arqueólogo (m)	archaeologist	[ˌɑːkɪ'ɒlədʒɪst]
geólogo (m)	geologist	[dʒɪ'ɒlədʒɪst]
pesquisador (cientista)	researcher	[rɪ'sɜːtʃə(r)]

babysitter, babá (f)	babysitter	[ˌbeɪbɪ 'sɪtə(r)]
professor (m)	teacher, educator	['tiːtʃə(r)], ['edʒʊkeɪtə(r)]

redator (m)	editor	['edɪtə(r)]
redator-chefe (m)	editor-in-chief	['edɪtər ɪn tʃiːf]
correspondente (m)	correspondent	[ˌkɒrɪ'spɒndənt]
datilógrafa (f)	typist	['taɪpɪst]

designer (m)	designer	[dɪ'zaɪnə(r)]
especialista (m) em informática	computer expert	[kəm'pjuːtər 'ekspɜːt]
programador (m)	programmer	['prəʊgræmə(r)]
engenheiro (m)	engineer	[ˌendʒɪ'nɪə(r)]

marujo (m)	sailor	['seɪlə(r)]
marinheiro (m)	seaman	['siːmən]
socorrista (m)	rescuer	['reskjʊə(r)]

bombeiro (m)	firefighter	['faɪəfaɪtə]
polícia (m)	police officer	[pə'liːs 'ɒfɪsə(r)]
guarda-noturno (m)	watchman	['wɒtʃmən]
detetive (m)	detective	[dɪ'tektɪv]

funcionário (m) da alfândega	customs officer	['kʌstəmz 'ɒfɪsə(r)]
guarda-costas (m)	bodyguard	['bɒdɪgɑːd]
guarda (m) prisional	prison officer	['prɪzən 'ɒfɪsə(r)]
inspetor (m)	inspector	[ɪn'spektə(r)]

esportista (m)	sportsman	['spɔːtsmən]
treinador (m)	trainer, coach	['treɪnə(r)], [kəʊtʃ]
açougueiro (m)	butcher	['bʊtʃə(r)]
sapateiro (m)	cobbler, shoe repairer	['kɒblə(r)], [ʃuː rɪ'peərə(r)]
comerciante (m)	merchant	['mɜːtʃənt]
carregador (m)	loader	['ləʊdə(r)]

estilista (m)	fashion designer	['fæʃən dɪ'zaɪnə(r)]
modelo (f)	model	['mɒdəl]

93. Ocupações. Estatuto social

estudante (~ de escola)	schoolboy	['sku:lbɔɪ]
estudante (~ universitária)	student	['stju:dənt]
filósofo (m)	philosopher	[fɪ'lɒsəfə(r)]
economista (m)	economist	[ɪ'kɒnəmɪst]
inventor (m)	inventor	[ɪn'ventə(r)]
desempregado (m)	unemployed	[ˌʌnɪm'plɔɪd]
aposentado (m)	pensioner	['penʃənə(r)]
espião (m)	spy, secret agent	[spaɪ], ['si:krɪt 'eɪdʒənt]
preso, prisioneiro (m)	prisoner	['prɪzənə(r)]
grevista (m)	striker	['straɪkə(r)]
burocrata (m)	bureaucrat	['bjʊərəkræt]
viajante (m)	traveller	['trævələ(r)]
homossexual (m)	gay, homosexual	[geɪ], [ˌhɒmə'sekʃʊəl]
hacker (m)	hacker	['hækə(r)]
hippie (m, f)	hippie	['hɪpɪ]
bandido (m)	bandit	['bændɪt]
assassino (m)	hit man, killer	[hɪt mæn], ['kɪlə(r)]
drogado (m)	drug addict	['drʌgˌædɪkt]
traficante (m)	drug dealer	['drʌg ˌdi:lə(r)]
prostituta (f)	prostitute	['prɒstɪtju:t]
cafetão (m)	pimp	[pɪmp]
bruxo (m)	sorcerer	['sɔ:sərə(r)]
bruxa (f)	sorceress	['sɔ:sərɪs]
pirata (m)	pirate	['paɪrət]
escravo (m)	slave	[sleɪv]
samurai (m)	samurai	['sæmʊraɪ]
selvagem (m)	savage	['sævɪdʒ]

Educação

94. Escola

| escola (f) | school | [skuːl] |
| diretor (m) de escola | headmaster | [ˌhedˈmɑːstə(r)] |

aluno (m)	pupil	[ˈpjuːpəl]
aluna (f)	pupil	[ˈpjuːpəl]
estudante (m)	schoolboy	[ˈskuːlbɔɪ]
estudante (f)	schoolgirl	[ˈskuːlɡɜːl]

ensinar (vt)	to teach (vt)	[tə tiːʧ]
aprender (vt)	to learn (vt)	[tə lɜːn]
decorar (vt)	to learn by heart	[tə lɜːn baɪ hɑːt]

estudar (vi)	to learn (vt)	[tə lɜːn]
estar na escola	to be at school	[tə bi ət skuːl]
ir à escola	to go to school	[tə ɡəʊ tə skuːl]

| alfabeto (m) | alphabet | [ˈælfəbet] |
| disciplina (f) | subject | [ˈsʌbdʒɪkt] |

sala (f) de aula	classroom	[ˈklɑːsrʊm]
lição, aula (f)	lesson	[ˈlesən]
recreio (m)	playtime, break	[ˈpleɪtaɪm], [breɪk]
toque (m)	school bell	[skuːl bel]
classe (f)	desk	[desk]
quadro (m) negro	blackboard	[ˈblækˌbɔːd]

nota (f)	mark	[mɑːk]
boa nota (f)	good mark	[ɡʊd mɑːk]
nota (f) baixa	bad mark	[bæd mɑːk]
dar uma nota	to give a mark	[tə ɡɪv ə mɑːk]

erro (m)	mistake	[mɪˈsteɪk]
errar (vi)	to make mistakes	[tə meɪk mɪˈsteɪks]
corrigir (~ um erro)	to correct (vt)	[tə kəˈrekt]
cola (f)	crib	[krɪb]

| dever (m) de casa | homework | [ˈhəʊmwɜːk] |
| exercício (m) | exercise | [ˈeksəsaɪz] |

estar presente	to be present	[tə bi ˈprezənt]
estar ausente	to be absent	[tə bi ˈæbsənt]
faltar às aulas	to miss school	[tə mɪs skuːl]

punir (vt)	to punish (vt)	[tə ˈpʌnɪʃ]
punição (f)	punishment	[ˈpʌnɪʃmənt]
comportamento (m)	conduct	[ˈkɒndʌkt]

boletim (m) escolar	school report	[skuːl rɪˈpɔːt]
lápis (m)	pencil	[ˈpensəl]
borracha (f)	rubber	[ˈrʌbə(r)]
giz (m)	chalk	[tʃɔːk]
porta-lápis (m)	pencil case	[ˈpensəl keɪs]

mala, pasta, mochila (f)	schoolbag	[ˈskuːlbæg]
caneta (f)	pen	[pen]
caderno (m)	exercise book	[ˈeksəsaɪz bʊk]
livro (m) didático	textbook	[ˈtekstbʊk]
compasso (m)	compasses	[ˈkʌmpəsɪz]

traçar (vt)	to make technical drawings	[tə meɪk ˈteknɪkəl ˈdrɔːɪŋs]
desenho (m) técnico	technical drawing	[ˈteknɪkəl ˈdrɔːɪŋ]

poesia (f)	poem	[ˈpəʊɪm]
de cor	by heart	[baɪ hɑːt]
decorar (vt)	to learn by heart	[tə lɜːn baɪ hɑːt]

férias (f pl)	school holidays	[skuːl ˈhɒlɪdeɪz]
estar de férias	to be on holiday	[tə biː ɒn ˈhɒlɪdeɪ]
passar as férias	to spend holidays	[tə spend ˈhɒlɪdeɪz]

teste (m), prova (f)	test	[test]
redação (f)	essay	[ˈeseɪ]
ditado (m)	dictation	[dɪkˈteɪʃən]
exame (m), prova (f)	exam	[ɪgˈzæm]
fazer prova	to do an exam	[tə duː ən ɪgˈzæm]
experiência (~ química)	experiment	[ɪkˈsperɪmənt]

95. Colégio. Universidade

academia (f)	academy	[əˈkædəmɪ]
universidade (f)	university	[ˌjuːnɪˈvɜːsətɪ]
faculdade (f)	faculty	[ˈfækəltɪ]

estudante (m)	student	[ˈstjuːdənt]
estudante (f)	student	[ˈstjuːdənt]
professor (m)	lecturer	[ˈlektʃərə(r)]

auditório (m)	lecture hall	[ˈlektʃə hɔːl]
graduado (m)	graduate	[ˈgrædʒʊət]

diploma (m)	diploma	[dɪˈpləʊmə]
tese (f)	dissertation	[ˌdɪsəˈteɪʃən]

estudo (obra)	study	[ˈstʌdɪ]
laboratório (m)	laboratory	[ləˈbɒrətrɪ]

palestra (f)	lecture	[ˈlektʃə(r)]
colega (m) de curso	coursemate	[kɔːsmeɪt]

bolsa (f) de estudos	scholarship, bursary	[ˈskɒləʃɪp], [ˈbɜːsərɪ]
grau (m) acadêmico	academic degree	[ˌækəˈdemɪk dɪˈgriː]

96. Ciências. Disciplinas

matemática (f)	mathematics	[ˌmæθəˈmætɪks]
álgebra (f)	algebra	[ˈældʒɪbrə]
geometria (f)	geometry	[dʒɪˈɒmətrɪ]

astronomia (f)	astronomy	[əˈstrɒnəmɪ]
biologia (f)	biology	[baɪˈɒlədʒɪ]
geografia (f)	geography	[dʒɪˈɒgrəfɪ]
geologia (f)	geology	[dʒɪˈɒlədʒɪ]
história (f)	history	[ˈhɪstərɪ]

medicina (f)	medicine	[ˈmedsɪn]
pedagogia (f)	pedagogy	[ˈpedəgɒdʒɪ]
direito (m)	law	[lɔː]

física (f)	physics	[ˈfɪzɪks]
química (f)	chemistry	[ˈkemɪstrɪ]
filosofia (f)	philosophy	[fɪˈlɒsəfɪ]
psicologia (f)	psychology	[saɪˈkɒlədʒɪ]

97. Sistema de escrita. Ortografia

gramática (f)	grammar	[ˈgræmə(r)]
vocabulário (m)	vocabulary	[vəˈkæbjʊlərɪ]
fonética (f)	phonetics	[fəˈnetɪks]

substantivo (m)	noun	[naʊn]
adjetivo (m)	adjective	[ˈædʒɪktɪv]
verbo (m)	verb	[vɜːb]
advérbio (m)	adverb	[ˈædvɜːb]

pronome (m)	pronoun	[ˈprəʊnaʊn]
interjeição (f)	interjection	[ˌɪntəˈdʒekʃən]
preposição (f)	preposition	[ˌprepəˈzɪʃən]

raiz (f)	root	[ruːt]
terminação (f)	ending	[ˈendɪŋ]
prefixo (m)	prefix	[ˈpriːfɪks]
sílaba (f)	syllable	[ˈsɪləbəl]
sufixo (m)	suffix	[ˈsʌfɪks]

| acento (m) | stress mark | [ˈstres ˌmɑːk] |
| apóstrofo (f) | apostrophe | [əˈpɒstrəfɪ] |

ponto (m)	full stop	[fʊl stɒp]
vírgula (f)	comma	[ˈkɒmə]
ponto e vírgula (m)	semicolon	[ˌsemɪˈkəʊlən]
dois pontos (m pl)	colon	[ˈkəʊlən]
reticências (f pl)	ellipsis	[ɪˈlɪpsɪs]

| ponto (m) de interrogação | question mark | [ˈkwestʃən mɑːk] |
| ponto (m) de exclamação | exclamation mark | [ˌekskləˈmeɪʃən mɑːk] |

aspas (f pl)	inverted commas	[ɪn'vɜ:tɪd 'kɒməs]
entre aspas	in inverted commas	[ɪn ɪn'vɜ:tɪd 'kɒməs]
parênteses (m pl)	parenthesis	[pə'renθɪsɪs]
entre parênteses	in parenthesis	[ɪn pə'renθɪsɪs]

hífen (m)	hyphen	['haɪfən]
travessão (m)	dash	[dæʃ]
espaço (m)	space	[speɪs]

| letra (f) | letter | ['letə(r)] |
| letra (f) maiúscula | capital letter | ['kæpɪtəl 'letə(r)] |

| vogal (f) | vowel | ['vaʊəl] |
| consoante (f) | consonant | ['kɒnsənənt] |

frase (f)	sentence	['sentəns]
sujeito (m)	subject	['sʌbdʒɪkt]
predicado (m)	predicate	['predɪkət]

linha (f)	line	[laɪn]
em uma nova linha	on a new line	[ɒn ə nju: laɪn]
parágrafo (m)	paragraph	['pærəgrɑ:f]

palavra (f)	word	[wɜ:d]
grupo (m) de palavras	group of words	[gru:p əf wɜ:dz]
expressão (f)	expression	[ɪk'spreʃən]
sinônimo (m)	synonym	['sɪnənɪm]
antônimo (m)	antonym	['æntənɪm]

regra (f)	rule	[ru:l]
exceção (f)	exception	[ɪk'sepʃən]
correto (adj)	correct	[kə'rekt]

conjugação (f)	conjugation	[ˌkɒndʒʊ'geɪʃən]
caso (m)	nominal case	['nɒmɪnəl keɪs]
pergunta (f)	question	['kwestʃən]
sublinhar (vt)	to underline (vt)	[tə ˌʌndə'laɪn]
linha (f) pontilhada	dotted line	['dɒtɪd laɪn]

98. Línguas estrangeiras

língua (f)	language	['læŋgwɪdʒ]
estrangeiro (adj)	foreign	['fɒrən]
estudar (vt)	to study (vt)	[tə 'stʌdɪ]
aprender (vt)	to learn (vt)	[tə lɜ:n]

ler (vt)	to read (vi, vt)	[tə ri:d]
falar (vi)	to speak (vi, vt)	[tə spi:k]
entender (vt)	to understand (vt)	[tə ˌʌndə'stænd]
escrever (vt)	to write (vt)	[tə raɪt]

rapidamente	quickly, fast	['kwɪklɪ], [fɑ:st]
devagar, lentamente	slowly	['sləʊlɪ]
fluentemente	fluently	['flu:əntlɪ]

regras (f pl)	**rules**	[ruːlz]
gramática (f)	**grammar**	['græmə(r)]
vocabulário (m)	**vocabulary**	[və'kæbjʊlərɪ]
fonética (f)	**phonetics**	[fə'netɪks]
livro (m) didático	**textbook**	['tekstbʊk]
dicionário (m)	**dictionary**	['dɪkʃənərɪ]
manual (m) autodidático	**teach-yourself book**	[tiːʧ jɔː'self bʊk]
guia (m) de conversação	**phrasebook**	['freɪzbʊk]
fita (f) cassete	**cassette, tape**	[kæ'set], [teɪp]
videoteipe (m)	**videotape**	['vɪdɪəʊteɪp]
CD (m)	**CD, compact disc**	[ˌsiː'diː], [kəm'pækt dɪsk]
DVD (m)	**DVD**	[ˌdiːviː'diː]
alfabeto (m)	**alphabet**	['ælfəbet]
soletrar (vt)	**to spell** (vt)	[tə spel]
pronúncia (f)	**pronunciation**	[prəˌnʌnsɪ'eɪʃən]
sotaque (m)	**accent**	['æksent]
com sotaque	**with an accent**	[wɪð ən 'æksent]
sem sotaque	**without an accent**	[wɪ'ðaʊt ən 'æksent]
palavra (f)	**word**	[wɜːd]
sentido (m)	**meaning**	['miːnɪŋ]
curso (m)	**course**	[kɔːs]
inscrever-se (vr)	**to sign up** (vi)	[tə saɪn ʌp]
professor (m)	**teacher**	['tiːʧə(r)]
tradução (texto)	**translation**	[træns'leɪʃən]
tradutor (m)	**translator**	[træns'leɪtə(r)]
intérprete (m)	**interpreter**	[ɪn'tɜːprɪtə(r)]
poliglota (m)	**polyglot**	['pɒlɪglɒt]
memória (f)	**memory**	['memərɪ]

Descanso. Entretenimento. Viagens

99. Viagens

turismo (m)	tourism, travel	['tʊərɪzəm], ['trævəl]
turista (m)	tourist	['tʊərɪst]
viagem (f)	trip	[trɪp]
aventura (f)	adventure	[əd'ventʃə(r)]
percurso (curta viagem)	trip, journey	[trɪp], ['dʒɜːnɪ]
férias (f pl)	holiday	['hɒlɪdeɪ]
estar de férias	to be on holidays	[tə bi ɒn 'hɒlɪdeɪz]
descanso (m)	rest	[rest]
trem (m)	train	[treɪn]
de trem (chegar ~)	by train	[baɪ treɪn]
avião (m)	aeroplane	['eərəpleɪn]
de avião	by aeroplane	[baɪ 'eərəpleɪn]
de carro	by car	[baɪ kɑː(r)]
de navio	by ship	[baɪ ʃɪp]
bagagem (f)	luggage	['lʌgɪdʒ]
mala (f)	suitcase	['suːtkeɪs]
carrinho (m)	luggage trolley	['lʌgɪdʒ 'trɒlɪ]
passaporte (m)	passport	['pɑːspɔːt]
visto (m)	visa	['viːzə]
passagem (f)	ticket	['tɪkɪt]
passagem (f) aérea	air ticket	['eə 'tɪkɪt]
guia (m) de viagem	guidebook	['gaɪdbʊk]
mapa (m)	map	[mæp]
área (f)	area	['eərɪə]
lugar (m)	place, site	[pleɪs], [saɪt]
exotismo (m)	exotica	[ɪg'zɒtɪkə]
exótico (adj)	exotic	[ɪg'zɒtɪk]
surpreendente (adj)	amazing	[ə'meɪzɪŋ]
grupo (m)	group	[gruːp]
excursão (f)	excursion	[ɪk'skɜːʃən]
guia (m)	guide	[gaɪd]

100. Hotel

hotel (m)	hotel	[həʊ'tel]
motel (m)	motel	[məʊ'tel]
três estrelas	three-star	[θriː stɑː(r)]

cinco estrelas	five-star	[ˌfaɪv ˈstɑː(r)]
ficar (vi, vt)	to stay (vi)	[tə steɪ]
quarto (m)	room	[rʊːm]
quarto (m) individual	single room	[ˈsɪŋɡəl ruːm]
quarto (m) duplo	double room	[ˈdʌbəl ruːm]
reservar um quarto	to book a room	[tə bʊk ə ruːm]
meia pensão (f)	half board	[hɑːf bɔːd]
pensão (f) completa	full board	[fʊl bɔːd]
com banheira	with bath	[wɪð bɑːθ]
com chuveiro	with shower	[wɪð ˈʃaʊə(r)]
televisão (m) por satélite	satellite television	[ˈsætəlaɪt ˈtelɪˌvɪʒən]
ar (m) condicionado	air-conditioner	[eə kənˈdɪʃənə]
toalha (f)	towel	[ˈtaʊəl]
chave (f)	key	[kiː]
administrador (m)	administrator	[ədˈmɪnɪstreɪtə(r)]
camareira (f)	chambermaid	[ˈʧeɪmbəˌmeɪd]
bagageiro (m)	porter	[ˈpɔːtə(r)]
porteiro (m)	doorman	[ˈdɔːmən]
restaurante (m)	restaurant	[ˈrestrɒnt]
bar (m)	pub	[pʌb]
café (m) da manhã	breakfast	[ˈbrekfəst]
jantar (m)	dinner	[ˈdɪnə(r)]
bufê (m)	buffet	[ˈbʊfeɪ]
elevador (m)	lift	[lɪft]
NÃO PERTURBE	DO NOT DISTURB	[du nɒt dɪˈstɜːb]
PROIBIDO FUMAR!	NO SMOKING	[nəʊ ˈsməʊkɪŋ]

EQUIPAMENTO TÉCNICO. TRANSPORTES

Equipamento técnico. Transportes

101. Computador

computador (m)	computer	[kəm'pju:tə(r)]
computador (m) portátil	notebook, laptop	['nəʊtbʊk], ['læptɒp]
ligar (vt)	to switch on (vt)	[tə swɪtʃ ɒn]
desligar (vt)	to turn off (vt)	[tə tɜ:n ɒf]
teclado (m)	keyboard	['ki:bɔ:d]
tecla (f)	key	[ki:]
mouse (m)	mouse	[maʊs]
tapete (m) para mouse	mouse mat	['maʊs mæt]
botão (m)	button	['bʌtən]
cursor (m)	cursor	['kɜ:sə(r)]
monitor (m)	monitor	['mɒnɪtə(r)]
tela (f)	screen	[skri:n]
disco (m) rígido	hard disk	[hɑ:d dɪsk]
capacidade (f) do disco rígido	hard disk capacity	[hɑ:d dɪsk kə'pæsɪtɪ]
memória (f)	memory	['memərɪ]
memória RAM (f)	random access memory	['rændəm 'ækses 'memərɪ]
arquivo (m)	file	[faɪl]
pasta (f)	folder	['fəʊldə(r)]
abrir (vt)	to open (vt)	[tə 'əʊpən]
fechar (vt)	to close (vt)	[tə kləʊz]
salvar (vt)	to save (vt)	[tə seɪv]
deletar (vt)	to delete (vt)	[tə dɪ'li:t]
copiar (vt)	to copy (vt)	[tə 'kɒpɪ]
ordenar (vt)	to sort (vt)	[tə sɔ:t]
programa (m)	programme	['prəʊgræm]
software (m)	software	['sɒftweə(r)]
programador (m)	programmer	['prəʊgræmə(r)]
programar (vt)	to program (vt)	[tə 'prəʊgræm]
hacker (m)	hacker	['hækə(r)]
senha (f)	password	['pɑ:swɜ:d]
vírus (m)	virus	['vaɪrəs]
detectar (vt)	to find, to detect	[tə faɪnd], [tə dɪ'tekt]
byte (m)	byte	[baɪt]
megabyte (m)	megabyte	['megəbaɪt]

| dados (m pl) | data | ['deɪtə] |
| base (f) de dados | database | ['deɪtəbeɪs] |

cabo (m)	cable	['keɪbəl]
desconectar (vt)	to disconnect (vt)	[tə ˌdɪskə'nekt]
conectar (vt)	to connect (vt)	[tə kə'nekt]

102. Internet. E-mail

internet (f)	Internet	['ɪntənet]
browser (m)	browser	['braʊzə(r)]
motor (m) de busca	search engine	[sɜːʧ 'endʒɪn]
provedor (m)	provider	[prə'vaɪdə(r)]

webmaster (m)	webmaster	[web peɪdʒ]
website (m)	website	['websaɪt]
web page (f)	webpage	[web peɪdʒ]

| endereço (m) | address | [ə'dres] |
| livro (m) de endereços | address book | [ə'dres bʊk] |

caixa (f) de correio	postbox	['pəʊstbɒks]
correio (m)	post	[pəʊst]
cheia (caixa de correio)	full	[fʊl]

mensagem (f)	message	['mesɪdʒ]
mensagens (f pl) recebidas	incoming messages	['ɪnˌkʌmɪn 'mesɪdʒɪz]
mensagens (f pl) enviadas	outgoing messages	['aʊtˌgəʊɪn 'mesɪdʒɪz]
remetente (m)	sender	['sendə(r)]
enviar (vt)	to send (vt)	[tə send]
envio (m)	sending	['sendɪŋ]

| destinatário (m) | receiver | [rɪ'siːvə(r)] |
| receber (vt) | to receive (vt) | [tə rɪ'siːv] |

| correspondência (f) | correspondence | [ˌkɒrɪ'spɒndəns] |
| corresponder-se (vr) | to correspond (vi) | [tə ˌkɒrɪ'spɒnd] |

arquivo (m)	file	[faɪl]
fazer download, baixar (vt)	to download (vt)	[tə 'daʊnləʊd]
criar (vt)	to create (vt)	[tə kriː'eɪt]
deletar (vt)	to delete (vt)	[tə dɪ'liːt]
deletado (adj)	deleted	[dɪ'liːtɪd]

conexão (f)	connection	[kə'nekʃən]
velocidade (f)	speed	[spiːd]
modem (m)	modem	['məʊdem]
acesso (m)	access	['ækses]
porta (f)	port	[pɔːt]

conexão (f)	connection	[kə'nekʃən]
conectar (vi)	to connect to ...	[tə kə'nekt tə]
escolher (vt)	to select (vt)	[tə sɪ'lekt]
buscar (vt)	to search for ...	[tə sɜːʧ fɔː(r)]

103. Eletricidade

eletricidade (f)	electricity	[ˌɪlek'trɪsətɪ]
elétrico (adj)	electric, electrical	[ɪ'lektrɪk], [ɪ'lektrɪkəl]
planta (f) elétrica	electric power station	[ɪ'lektrɪk 'paʊə 'steɪʃən]
energia (f)	energy	['enədʒɪ]
energia (f) elétrica	electric power	[ɪ'lektrɪk 'paʊə]
lâmpada (f)	light bulb	['laɪt ˌbʌlb]
lanterna (f)	torch	[tɔːʧ]
poste (m) de iluminação	street light	['striːt laɪt]
luz (f)	light	[laɪt]
ligar (vt)	to turn on (vt)	[tə tɜːn ɒn]
desligar (vt)	to turn off (vt)	[tə tɜːn ɒf]
apagar a luz	to turn off the light	[tə tɜːn ɒf ðə laɪt]
queimar (vi)	to burn out (vi)	[tə bɜːn aʊt]
curto-circuito (m)	short circuit	[ʃɔːt 'sɜːkɪt]
ruptura (f)	broken wire	['brəʊkən 'waɪə]
contato (m)	contact	['kɒntækt]
interruptor (m)	switch	[swɪʧ]
tomada (de parede)	socket outlet	['sɒkɪt 'aʊtlet]
plugue (m)	plug	[plʌg]
extensão (f)	extension lead	[ɪk'stenʃən led]
fusível (m)	fuse	[fjuːz]
fio, cabo (m)	cable, wire	['keɪbəl], ['waɪə]
instalação (f) elétrica	wiring	['waɪərɪŋ]
ampère (m)	ampere	['æmpeə(r)]
amperagem (f)	amperage	['æmpərɪdʒ]
volt (m)	volt	[vəʊlt]
voltagem (f)	voltage	['vəʊltɪdʒ]
aparelho (m) elétrico	electrical device	[ɪ'lektrɪkəl dɪ'vaɪs]
indicador (m)	indicator	['ɪndɪkeɪtə(r)]
eletricista (m)	electrician	[ˌɪlek'trɪʃən]
soldar (vt)	to solder (vt)	[tə 'səʊldə]
soldador (m)	soldering iron	['səʊldərɪŋ 'aɪrən]
corrente (f) elétrica	current	['kʌrənt]

104. Ferramentas

ferramenta (f)	tool, instrument	[tuːl], ['ɪnstrʊmənt]
ferramentas (f pl)	tools	[tuːlz]
equipamento (m)	equipment	[ɪ'kwɪpmənt]
martelo (m)	hammer	['hæmə(r)]
chave (f) de fenda	screwdriver	['skruːˌdraɪvə(r)]
machado (m)	axe	[æks]

serra (f)	saw	[sɔ:]
serrar (vt)	to saw (vt)	[tə sɔ:]
plaina (f)	plane	[pleɪn]
aplainar (vt)	to plane (vt)	[tə pleɪn]
soldador (m)	soldering iron	['səʊldərɪŋ 'aɪrən]
soldar (vt)	to solder (vt)	[tə 'səʊldə]

lima (f)	file	[faɪl]
tenaz (f)	carpenter pincers	['kɑ:pəntə 'pɪnsəz]
alicate (m)	combination pliers	[ˌkɒmbɪ'neɪʃən 'plaɪəz]
formão (m)	chisel	['ʧɪzəl]

broca (f)	drill bit	[drɪl bɪt]
furadeira (f) elétrica	electric drill	[ɪ'lektrɪk drɪl]
furar (vt)	to drill (vi, vt)	[tə drɪl]

| faca (f) | knife | [naɪf] |
| lâmina (f) | blade | [bleɪd] |

afiado (adj)	sharp	[ʃɑ:p]
cego (adj)	dull, blunt	[dʌl], [blʌnt]
embotar-se (vr)	to get blunt	[tə get blʌnt]
afiar, amolar (vt)	to sharpen (vt)	[tə 'ʃɑ:pən]

parafuso (m)	bolt	[bəʊlt]
porca (f)	nut	[nʌt]
rosca (f)	thread	[θred]
parafuso (para madeira)	wood screw	[wʊd skru:]

| prego (m) | nail | [neɪl] |
| cabeça (f) do prego | nailhead | ['neɪlhed] |

régua (f)	ruler	['ru:lə(r)]
fita (f) métrica	tape measure	[teɪp 'meʒə(r)]
nível (m)	spirit level	['spɪrɪt 'levəl]
lupa (f)	magnifying glass	['mægnɪfaɪɪŋ glɑ:s]

medidor (m)	measuring instrument	['meʒərɪŋ 'ɪnstrʊmənt]
medir (vt)	to measure (vt)	[tə 'meʒə(r)]
escala (f)	scale	[skeɪl]
indicação (f), registro (m)	readings	['ri:dɪŋz]

| compressor (m) | compressor | [kəm'presə] |
| microscópio (m) | microscope | ['maɪkrəskəʊp] |

bomba (f)	pump	[pʌmp]
robô (m)	robot	['rəʊbɒt]
laser (m)	laser	['leɪzə(r)]

chave (f) de boca	spanner	['spænə(r)]
fita (f) adesiva	adhesive tape	[əd'hi:sɪv teɪp]
cola (f)	glue	[glu:]

lixa (f)	sandpaper	['sændˌpeɪpə(r)]
mola (f)	spring	[sprɪŋ]
ímã (m)	magnet	['mægnɪt]

luva (f)	gloves	[glʌvz]
corda (f)	rope	['rəup]
cabo (~ de nylon, etc.)	cord	[kɔːd]
fio (m)	wire	['waɪə(r)]
cabo (~ elétrico)	cable	['keɪbəl]

marreta (f)	sledgehammer	['sledʒˌhæmə(r)]
pé de cabra (m)	prybar	[praɪbɑː(r)]
escada (f) de mão	ladder	['lædə]
escada (m)	stepladder	['stepˌlædə(r)]

enroscar (vt)	to screw (vt)	[tə skruː]
desenroscar (vt)	to unscrew (vt)	[tə ˌʌn'skruː]
apertar (vt)	to tighten (vt)	[tə 'taɪtən]
colar (vt)	to glue, to stick	[tə gluː], [tə stɪk]
cortar (vt)	to cut (vt)	[tə kʌt]

falha (f)	malfunction	[ˌmæl'fʌŋkʃən]
conserto (m)	repair	[rɪ'peə(r)]
consertar, reparar (vt)	to repair (vt)	[tə rɪ'peə(r)]
regular, ajustar (vt)	to adjust (vt)	[tə ə'dʒʌst]

verificar (vt)	to check (vt)	[tə tʃek]
verificação (f)	checking	['tʃekɪŋ]
indicação (f), registro (m)	readings	['riːdɪŋz]

seguro (adj)	reliable	[rɪ'laɪəbəl]
complicado (adj)	complex	['kɒmpleks]

enferrujar (vi)	to rust (vi)	[tə rʌst]
enferrujado (adj)	rusty	['rʌstɪ]
ferrugem (f)	rust	[rʌst]

Transportes

105. Avião

avião (m)	aeroplane	['eərəpleın]
passagem (f) aérea	air ticket	['eə 'tıkıt]
companhia (f) aérea	airline	['eəlaın]
aeroporto (m)	airport	['eəpɔːt]
supersônico (adj)	supersonic	[ˌsuːpə'sɒnık]

comandante (m) do avião	captain	['kæptın]
tripulação (f)	crew	[kruː]
piloto (m)	pilot	['paılət]
aeromoça (f)	stewardess	['stjʊədıs]
copiloto (m)	navigator	['nævıgeıtə(r)]

asas (f pl)	wings	[wıŋz]
cauda (f)	tail	[teıl]
cabine (f)	cockpit	['kɒkpıt]
motor (m)	engine	['endʒın]
trem (m) de pouso	landing gear	['lændıŋ gıə(r)]
turbina (f)	turbine	['tɜːbaın]

hélice (f)	propeller	[prə'pelə(r)]
caixa-preta (f)	black box	[blæk bɒks]
coluna (f) de controle	yoke, control column	[jəʊk], [kən'trəʊl 'kɒləm]
combustível (m)	fuel	[fjʊəl]

instruções (f pl) de segurança	safety card	['seıftı kɑːd]
máscara (f) de oxigênio	oxygen mask	['ɒksıdʒən mɑːsk]
uniforme (m)	uniform	['juːnıfɔːm]

colete (m) salva-vidas	lifejacket	[laıf 'dʒækıt]
paraquedas (m)	parachute	['pærəʃuːt]

decolagem (f)	takeoff	[teıkɒf]
descolar (vi)	to take off (vi)	[tə teık ɒf]
pista (f) de decolagem	runway	['rʌnˌweı]

visibilidade (f)	visibility	[ˌvızı'bılıtı]
voo (m)	flight	[flaıt]

altura (f)	altitude	['æltıtjuːd]
poço (m) de ar	air pocket	[eə 'pɒkıt]

assento (m)	seat	[siːt]
fone (m) de ouvido	headphones	['hedfəʊnz]
mesa (f) retrátil	folding tray	['fəʊldıŋ treı]
janela (f)	window	['wındəʊ]
corredor (m)	aisle	[aıl]

106. Comboio

trem (m)	train	[treɪn]
trem (m) elétrico	commuter train	[kə'mju:tə(r) treɪn]
trem (m)	express train	[ɪk'spres treɪn]
locomotiva (f) diesel	diesel locomotive	['di:zəl ˌləʊkə'məʊtɪv]
locomotiva (f) a vapor	steam locomotive	[sti:m ˌləʊkə'məʊtɪv]
vagão (f) de passageiros	coach, carriage	[kəʊʧ], ['kærɪʤ]
vagão-restaurante (m)	buffet car	['bʊfeɪ kɑ:(r)]
carris (m pl)	rails	[reɪlz]
estrada (f) de ferro	railway	['reɪlweɪ]
travessa (f)	sleeper	['sli:pə(r)]
plataforma (f)	platform	['plætfɔ:m]
linha (f)	platform	['plætfɔ:m]
semáforo (m)	semaphore	['seməfɔ:(r)]
estação (f)	station	['steɪʃən]
maquinista (m)	train driver	[treɪn 'draɪvə(r)]
bagageiro (m)	porter	['pɔ:tə(r)]
hospedeiro, -a (m, f)	carriage attendant	[kɑ:(r) ə'tendənt]
passageiro (m)	passenger	['pæsɪnʤə(r)]
revisor (m)	ticket inspector	['tɪkɪt ɪn'spektə]
corredor (m)	corridor	['kɒrɪˌdɔ:(r)]
freio (m) de emergência	emergency brake	[ɪ'mɜ:ʤənsɪ breɪk]
compartimento (m)	compartment	[kəm'pɑ:tmənt]
cama (f)	berth	[bɜ:θ]
cama (f) de cima	upper berth	['ʌpə bɜ:θ]
cama (f) de baixo	lower berth	['ləʊə 'bɜ:θ]
roupa (f) de cama	bed linen, bedding	[bed 'lɪnɪn], ['bedɪŋ]
passagem (f)	ticket	['tɪkɪt]
horário (m)	timetable	['taɪmˌteɪbəl]
painel (m) de informação	information display	[ˌɪnfə'meɪʃən dɪ'spleɪ]
partir (vt)	to leave, to depart	[tə li:v], [tə dɪ'pɑ:t]
partida (f)	departure	[dɪ'pɑ:ʧə(r)]
chegar (vi)	to arrive (vi)	[tə ə'raɪv]
chegada (f)	arrival	[ə'raɪvəl]
chegar de trem	to arrive by train	[tə ə'raɪv baɪ treɪn]
pegar o trem	to get on the train	[tə ˌget ɒn ðə 'treɪn]
descer de trem	to get off the train	[tə ˌget ev ðə 'treɪn]
acidente (m) ferroviário	train crash	[treɪn kræʃ]
descarrilar (vi)	to derail (vi)	[tə dɪ'reɪl]
locomotiva (f) a vapor	steam locomotive	[sti:m ˌləʊkə'məʊtɪv]
foguista (m)	stoker, fireman	['stəʊkə], ['faɪəmən]
fornalha (f)	firebox	['faɪəbɒks]
carvão (m)	coal	[kəʊl]

107. Barco

navio (m)	ship	[ʃɪp]
embarcação (f)	vessel	['vesəl]
barco (m) a vapor	steamship	['sti:mʃɪp]
barco (m) fluvial	riverboat	['rɪvəˌbəʊt]
transatlântico (m)	cruise ship	[kru:z ʃɪp]
cruzeiro (m)	cruiser	['kru:zə(r)]
iate (m)	yacht	[jɒt]
rebocador (m)	tugboat	['tʌgbəʊt]
barcaça (f)	barge	[bɑ:dʒ]
ferry (m)	ferry	['ferɪ]
veleiro (m)	sailing ship	['seɪlɪŋ ʃɪp]
bergantim (m)	brigantine	['brɪgənti:n]
quebra-gelo (m)	ice breaker	['aɪsˌbreɪkə(r)]
submarino (m)	submarine	[ˌsʌbmə'ri:n]
bote, barco (m)	boat	[bəʊt]
baleeira (bote salva-vidas)	dinghy	['dɪŋgɪ]
bote (m) salva-vidas	lifeboat	['laɪfbəʊt]
lancha (f)	motorboat	['məʊtəbəʊt]
capitão (m)	captain	['kæptɪn]
marinheiro (m)	seaman	['si:mən]
marujo (m)	sailor	['seɪlə(r)]
tripulação (f)	crew	[kru:]
contramestre (m)	boatswain	['bəʊsən]
grumete (m)	ship's boy	[ʃɪps bɔɪ]
cozinheiro (m) de bordo	cook	[kʊk]
médico (m) de bordo	ship's doctor	[ʃɪps 'dɒktə(r)]
convés (m)	deck	[dek]
mastro (m)	mast	[mɑ:st]
vela (f)	sail	[seɪl]
porão (m)	hold	[həʊld]
proa (f)	bow	['baʊ]
popa (f)	stern	[stɜ:n]
remo (m)	oar	[ɔ:(r)]
hélice (f)	propeller	[prə'pelə(r)]
cabine (m)	cabin	['kæbɪn]
sala (f) dos oficiais	wardroom	['wɔ:drʊm]
sala (f) das máquinas	engine room	['endʒɪn ˌru:m]
ponte (m) de comando	bridge	[brɪdʒ]
sala (f) de comunicações	radio room	['reɪdɪəʊ rʊm]
onda (f)	wave	[weɪv]
diário (m) de bordo	logbook	['lɒgbʊk]
luneta (f)	spyglass	['spaɪglɑ:s]
sino (m)	bell	[bel]

bandeira (f)	flag	[flæg]
cabo (m)	hawser	['hɔːzə(r)]
nó (m)	knot	[nɒt]

corrimão (m)	deckrails	['dekreɪlz]
prancha (f) de embarque	gangway	['gæŋweɪ]

âncora (f)	anchor	['æŋkə(r)]
recolher a âncora	to weigh anchor	[tə weɪ 'æŋkə(r)]
jogar a âncora	to drop anchor	[tə drɒp 'æŋkə(r)]
amarra (corrente de âncora)	anchor chain	['æŋkə ˌʧeɪn]

porto (m)	port	[pɔːt]
cais, amarradouro (m)	quay, wharf	[kiː], [wɔːf]
atracar (vi)	to berth, to moor	[tə bɜːθ], [tə mɔː(r)]
desatracar (vi)	to cast off	[tə kɑːst ɒf]

viagem (f)	trip	[trɪp]
cruzeiro (m)	cruise	[kruːz]
rumo (m)	course	[kɔːs]
itinerário (m)	route	[ruːt]

canal (m) de navegação	fairway	['feəweɪ]
banco (m) de areia	shallows	['ʃæləʊz]
encalhar (vt)	to run aground	[tə rʌn ə'graʊnd]

tempestade (f)	storm	[stɔːm]
sinal (m)	signal	['sɪgnəl]
afundar-se (vr)	to sink (vi)	[tə sɪŋk]
Homem ao mar!	Man overboard!	[ˌmæn 'əʊvəbɔːd]
SOS	SOS	[ˌesəʊ'es]
boia (f) salva-vidas	ring buoy	[rɪŋ bɔɪ]

108. Aeroporto

aeroporto (m)	airport	['eəpɔːt]
avião (m)	aeroplane	['eərəpleɪn]
companhia (f) aérea	airline	['eəlaɪn]
controlador (m) de tráfego aéreo	air traffic controller	['eə 'træfɪk kən'trəʊlə]

partida (f)	departure	[dɪ'pɑːʧə(r)]
chegada (f)	arrival	[ə'raɪvəl]
chegar (vi)	to arrive (vi)	[tə ə'raɪv]

hora (f) de partida	departure time	[dɪ'pɑːʧə ˌtaɪm]
hora (f) de chegada	arrival time	[ə'raɪvəl taɪm]

estar atrasado	to be delayed	[tə bi dɪ'leɪd]
atraso (m) de voo	flight delay	[flaɪt dɪ'leɪ]

painel (m) de informação	information board	[ˌɪnfə'meɪʃən bɔːd]
informação (f)	information	[ˌɪnfə'meɪʃən]
anunciar (vt)	to announce (vt)	[tə ə'naʊns]

voo (m)	flight	[flaɪt]
alfândega (f)	customs	['kʌstəmz]
funcionário (m) da alfândega	customs officer	['kʌstəmz 'ɒfɪsə(r)]

declaração (f) alfandegária	customs declaration	['kʌstəmz ˌdeklə'reɪʃən]
preencher (vt)	to fill in (vt)	[tə fɪl 'ɪn]
preencher a declaração	to fill in the declaration	[tə fɪl 'ɪn ðə ˌdeklə'reɪʃən]
controle (m) de passaporte	passport control	['pɑːspɔːt kən'trəʊl]

bagagem (f)	luggage	['lʌgɪdʒ]
bagagem (f) de mão	hand luggage	['hænd͵lʌgɪdʒ]
carrinho (m)	luggage trolley	['lʌgɪdʒ 'trɒlɪ]

pouso (m)	landing	['lændɪŋ]
pista (f) de pouso	landing strip	['lændɪŋ strɪp]
aterrissar (vi)	to land (vi)	[tə lænd]
escada (f) de avião	airstairs	[eə'steəz]

check-in (m)	check-in	['tʃek ɪn]
balcão (m) do check-in	check-in counter	[tʃek-'ɪn 'kaʊntə(r)]
fazer o check-in	to check-in (vi)	[tə tʃek ɪn]
cartão (m) de embarque	boarding card	['bɔːdɪŋ kɑːd]
portão (m) de embarque	departure gate	[dɪ'pɑːtʃə ˌgeɪt]

trânsito (m)	transit	['trænsɪt]
esperar (vi, vt)	to wait (vt)	[tə weɪt]
sala (f) de espera	departure lounge	[dɪ'pɑːtʃə laʊndʒ]

101

Eventos

109. Férias. Evento

festa (f)	celebration, holiday	[ˌselɪˈbreɪʃən], [ˈhɒlɪdeɪ]
feriado (m) nacional	national day	[ˈnæʃənəl deɪ]
feriado (m)	public holiday	[ˈpʌblɪk ˈhɒlɪdeɪ]
festejar (vt)	to commemorate (vt)	[tə kəˈmeməˌreɪt]

evento (festa, etc.)	event	[ɪˈvent]
evento (banquete, etc.)	event	[ɪˈvent]
banquete (m)	banquet	[ˈbæŋkwɪt]
recepção (f)	reception	[rɪˈsepʃən]
festim (m)	feast	[fiːst]

aniversário (m)	anniversary	[ænɪˈvɜːsərɪ]
jubileu (m)	jubilee	[ˈdʒuːbɪliː]
celebrar (vt)	to celebrate (vt)	[tə ˈselɪbreɪt]

Ano (m) Novo	New Year	[njuː jɪə(r)]
Feliz Ano Novo!	Happy New Year!	[ˈhæpɪ njuː jɪə(r)]
Papai Noel (m)	Father Christmas	[ˈfɑːðə(r) ˈkrɪsməs]

Natal (m)	Christmas	[ˈkrɪsməs]
Feliz Natal!	Merry Christmas!	[ˌmerɪ ˈkrɪsməs]
árvore (f) de Natal	Christmas tree	[ˈkrɪsməs triː]
fogos (m pl) de artifício	fireworks	[ˈfaɪəwɜːks]

casamento (m)	wedding	[ˈwedɪŋ]
noivo (m)	groom	[gruːm]
noiva (f)	bride	[braɪd]

| convidar (vt) | to invite (vt) | [tə ɪnˈvaɪt] |
| convite (m) | invitation card | [ˌɪnvɪˈteɪʃən kɑːd] |

convidado (m)	guest	[gest]
visitar (vt)	to visit with ...	[tə ˈvɪzɪt wɪð]
receber os convidados	to meet the guests	[tə miːt ðə gests]

presente (m)	gift, present	[gɪft], [ˈprezənt]
oferecer, dar (vt)	to give (vt)	[tə gɪv]
receber presentes	to receive gifts	[tə rɪˈsiːv gɪfts]
buquê (m) de flores	bouquet	[buˈkeɪ]

| felicitações (f pl) | congratulations | [kənˌgrætʃʊˈleɪʃənz] |
| felicitar (vt) | to congratulate (vt) | [tə kənˈgrætʃʊleɪt] |

cartão (m) de parabéns	greetings card	[ˈgriːtɪŋz kɑːd]
enviar um cartão postal	to send a postcard	[tə ˌsend ə ˈpəʊstkɑːd]
receber um cartão postal	to get a postcard	[tə get ə ˈpəʊstkɑːd]

brinde (m)	toast	[təʊst]
oferecer (vt)	to offer (vt)	[tə 'ɒfə(r)]
champanhe (m)	champagne	[ʃæm'peɪn]

divertir-se (vr)	to enjoy oneself	[tə ɪn'dʒɔɪ wʌn'self]
diversão (f)	merriment, gaiety	['merɪmənt], ['geɪətɪ]
alegria (f)	joy	[dʒɔɪ]

| dança (f) | dance | [dɑːns] |
| dançar (vi) | to dance (vi, vt) | [tə dɑːns] |

| valsa (f) | waltz | [wɔːls] |
| tango (m) | tango | ['tæŋgəʊ] |

110. Funerais. Enterro

cemitério (m)	cemetery	['semɪtrɪ]
sepultura (f), túmulo (m)	grave, tomb	[greɪv], [tuːm]
lápide (f)	gravestone	['greɪvstəʊn]
cerca (f)	fence	[fens]
capela (f)	chapel	['ʧæpəl]

morte (f)	death	[deθ]
morrer (vi)	to die (vi)	[tə daɪ]
defunto (m)	the deceased	[ðə dɪ'siːst]
luto (m)	mourning	['mɔːnɪŋ]

enterrar, sepultar (vt)	to bury (vt)	[tə 'berɪ]
funerária (f)	undertakers	['ʌndəˌteɪkəs]
funeral (m)	funeral	['fjuːnərəl]

coroa (f) de flores	wreath	[riːθ]
caixão (m)	coffin	['kɒfɪn]
carro (m) funerário	hearse	[hɜːs]
mortalha (f)	shroud	[ʃraʊd]

procissão (f) funerária	funeral procession	['fjuːnərəl prə'seʃən]
urna (f) funerária	funerary urn	['fjuːnərərɪ ˌɜːn]
crematório (m)	crematorium	[ˌkremə'tɔːrɪəm]

obituário (m), necrologia (f)	obituary	[ə'bɪʧʊərɪ]
chorar (vi)	to cry (vi)	[tə kraɪ]
soluçar (vi)	to sob (vi)	[tə sɒb]

111. Guerra. Soldados

pelotão (m)	platoon	[plə'tuːn]
companhia (f)	company	['kʌmpənɪ]
regimento (m)	regiment	['redʒɪmənt]
exército (m)	army	['ɑːmɪ]
divisão (f)	division	[dɪ'vɪʒən]
esquadrão (m)	section, squad	['sekʃən], [skwɒd]

hoste (f)	host	[həʊst]
soldado (m)	soldier	['səʊldʒə(r)]
oficial (m)	officer	['ɒfɪsə(r)]

soldado (m) raso	private	['praɪvɪt]
sargento (m)	sergeant	['sɑ:dʒənt]
tenente (m)	lieutenant	[lefˈtenənt]
capitão (m)	captain	['kæptɪn]
major (m)	major	['meɪdʒə(r)]
coronel (m)	colonel	['kɜ:nəl]
general (m)	general	['dʒenərəl]

marujo (m)	sailor	['seɪlə(r)]
capitão (m)	captain	['kæptɪn]
contramestre (m)	boatswain	['bəʊsən]

artilheiro (m)	artilleryman	[ɑ:'tɪlərɪmən]
soldado (m) paraquedista	paratrooper	['pærətru:pə(r)]
piloto (m)	pilot	['paɪlət]
navegador (m)	navigator	['nævɪgeɪtə(r)]
mecânico (m)	mechanic	[mɪ'kænɪk]

sapador-mineiro (m)	pioneer	[ˌpaɪə'nɪə(r)]
paraquedista (m)	parachutist	['pærəʃu:tɪst]
explorador (m)	scout	[skaʊt]
atirador (m) de tocaia	sniper	['snaɪpə(r)]

patrulha (f)	patrol	[pə'trəʊl]
patrulhar (vt)	to patrol (vi, vt)	[tə pə'trəʊl]
sentinela (f)	sentry, guard	['sentrɪ], [gɑ:d]

guerreiro (m)	warrior	['wɒrɪə(r)]
patriota (m)	patriot	['pætrɪət]
herói (m)	hero	['hɪərəʊ]
heroína (f)	heroine	['herəʊɪn]

| traidor (m) | traitor | ['treɪtə(r)] |
| trair (vt) | to betray (vt) | [tə bɪ'treɪ] |

| desertor (m) | deserter | [dɪ'zɜ:tə(r)] |
| desertar (vt) | to desert (vi) | [tə dɪ'zɜ:t] |

mercenário (m)	mercenary	['mɜ:sɪnərɪ]
recruta (m)	recruit	[rɪ'kru:t]
voluntário (m)	volunteer	[ˌvɒlən'tɪə(r)]

morto (m)	dead	[ded]
ferido (m)	wounded	['wu:ndɪd]
prisioneiro (m) de guerra	prisoner of war	['prɪzənə əv wɔ:]

112. Guerra. Ações militares. Parte 1

| guerra (f) | war | [wɔ:(r)] |
| guerrear (vt) | to be at war | [tə bi ət wɔ:] |

guerra (f) civil	civil war	['sɪvəl wɔ:]
perfidamente	treacherously	['tretʃərəslɪ]
declaração (f) de guerra	declaration of war	[ˌdeklə'reɪʃən əv wɔ:]
declarar guerra	to declare (vt)	[tə dɪ'kleə(r)]
agressão (f)	aggression	[ə'greʃən]
atacar (vt)	to attack (vt)	[tə ə'tæk]

invadir (vt)	to invade (vt)	[tu ɪn'veɪd]
invasor (m)	invader	[ɪn'veɪdə(r)]
conquistador (m)	conqueror	['kɒŋkərə(r)]

defesa (f)	defence	[dɪ'fens]
defender (vt)	to defend (vt)	[tə dɪ'fend]
defender-se (vr)	to defend (against ...)	[tə dɪ'fend]

inimigo (m)	enemy	['enɪmɪ]
adversário (m)	adversary	['ædvəsərɪ]
inimigo (adj)	enemy	['enɪmɪ]

estratégia (f)	strategy	['strætɪdʒɪ]
tática (f)	tactics	['tæktɪks]

ordem (f)	order	['ɔ:də(r)]
comando (m)	command	[kə'mɑ:nd]
ordenar (vt)	to order (vt)	[tə 'ɔ:də(r)]
missão (f)	mission	['mɪʃən]
secreto (adj)	secret	['si:krɪt]

batalha (f)	battle	['bætəl]
combate (m)	combat	['kɒmbæt]

ataque (m)	attack	[ə'tæk]
assalto (m)	charge	[tʃɑ:dʒ]
assaltar (vt)	to storm (vt)	[tə stɔ:m]
assédio, sítio (m)	siege	[si:dʒ]

ofensiva (f)	offensive	[ə'fensɪv]
tomar à ofensiva	to go on the offensive	[tə gəʊ ɒn ði ə'fensɪv]

retirada (f)	retreat	[rɪ'tri:t]
retirar-se (vr)	to retreat (vi)	[tə rɪ'tri:t]

cerco (m)	encirclement	[ɪn'sɜ:kəlmənt]
cercar (vt)	to encircle (vt)	[tə ɪn'sɜ:kəl]

bombardeio (m)	bombing	['bɒmɪŋ]
lançar uma bomba	to drop a bomb	[tə drɒp ə bɒm]
bombardear (vt)	to bomb (vt)	[tə bɒm]
explosão (f)	explosion	[ɪk'spləʊʒən]

tiro (m)	shot	[ʃɒt]
dar um tiro	to fire a shot	[tə ˌfaɪə ə 'ʃɒt]
tiroteio (m)	firing	['faɪərɪŋ]

apontar para ...	to aim (vt)	[tə eɪm]
apontar (vt)	to point (vt)	[tə pɔɪnt]

acertar (vt)	to hit (vt)	[tə hɪt]
afundar (~ um navio, etc.)	to sink (vt)	[tə sɪŋk]
brecha (f)	hole	[həʊl]
afundar-se (vr)	to founder, to sink (vi)	[tə 'faʊndə(r)], [tə sɪŋk]

frente (m)	front	[frʌnt]
evacuação (f)	evacuation	[ɪˌvækjʊ'eɪʃən]
evacuar (vt)	to evacuate (vt)	[tə ɪ'vækjʊeɪt]

trincheira (f)	trench	[trentʃ]
arame (m) enfarpado	barbed wire	['bɑːbd ˌwaɪə(r)]
barreira (f) anti-tanque	barrier	['bærɪə(r)]
torre (f) de vigia	watchtower	['wɒtʃˌtaʊə(r)]

hospital (m) militar	hospital	['hɒspɪtəl]
ferir (vt)	to wound (vt)	[tə wuːnd]
ferida (f)	wound	[wuːnd]
ferido (m)	wounded	['wuːndɪd]
ficar ferido	to be wounded	[tə bi 'wuːndɪd]
grave (ferida ~)	serious	['sɪərɪəs]

113. Guerra. Ações militares. Parte 2

cativeiro (m)	captivity	[kæp'tɪvətɪ]
capturar (vt)	to take sb captive	[tə teɪk ... 'kæptɪv]
estar em cativeiro	to be held captive	[tə bi held 'kæptɪv]
ser aprisionado	to be taken captive	[tə bi 'teɪkən 'kæptɪv]

campo (m) de concentração	concentration camp	[ˌkɒnsən'treɪʃən kæmp]
prisioneiro (m) de guerra	prisoner of war	['prɪzənə əv wɔː]
escapar (vi)	to escape (vi)	[tə ɪ'skeɪp]

fuzilar, executar (vt)	to execute (vt)	[tə 'eksɪkjuːt]
fuzilamento (m)	execution	[ˌeksɪ'kjuːʃən]

equipamento (m)	equipment	[ɪ'kwɪpmənt]
insígnia (f) de ombro	shoulder board	['ʃəʊldə bɔːd]
máscara (f) de gás	gas mask	['gæs mɑːsk]

rádio (m)	field radio	[fiːld 'reɪdɪəʊ]
cifra (f), código (m)	cipher, code	['saɪfə(r)], [kəʊd]
conspiração (f)	secrecy	['siːkrəsɪ]
senha (f)	password	['pɑːswɜːd]

mina (f)	land mine	[lænd maɪn]
minar (vt)	to mine (vt)	[tə maɪn]
campo (m) minado	minefield	['maɪnfiːld]

alarme (m) aéreo	air-raid warning	[eə-reɪd 'wɔːnɪŋ]
alarme (m)	alarm	[ə'lɑːm]
sinal (m)	signal	['sɪgnəl]
sinalizador (m)	signal flare	['sɪgnəl fleə(r)]
quartel-general (m)	headquarters	[ˌhed'kwɔːtəz]
reconhecimento (m)	reconnaissance	[rɪ'kɒnɪsəns]

situação (f)	situation	[ˌsɪtjʊ'eɪʃən]
relatório (m)	report	[rɪ'pɔ:t]
emboscada (f)	ambush	['æmbʊʃ]
reforço (m)	reinforcement	[ˌri:ɪn'fɔ:smənt]

alvo (m)	target	['tɑ:gɪt]
campo (m) de tiro	training area	['treɪnɪŋ 'eərɪə]
manobras (f pl)	military exercise	['mɪlɪtərɪ 'eksəsaɪz]

pânico (m)	panic	['pænɪk]
devastação (f)	devastation	[ˌdevə'steɪʃən]
ruínas (f pl)	destruction, ruins	[dɪ'strʌkʃən], ['ru:ɪnz]
destruir (vt)	to destroy (vt)	[tə dɪ'strɔɪ]

sobreviver (vi)	to survive (vi, vt)	[tə sə'vaɪv]
desarmar (vt)	to disarm (vt)	[tə dɪs'ɑ:m]
manusear (vt)	to handle (vt)	[tə 'hændəl]

| Sentido! | Attention! | [ə'tenʃən] |
| Descansar! | At ease! | [ət 'i:z] |

façanha (f)	feat, act of courage	[fi:t], [ækt əv 'kʌrɪʤ]
juramento (m)	oath	[əʊθ]
jurar (vi)	to swear (vi, vt)	[tə sweə(r)]

condecoração (f)	decoration	[ˌdekə'reɪʃən]
condecorar (vt)	to award (vt)	[tə ə'wɔ:d]
medalha (f)	medal	['medəl]
ordem (f)	order	['ɔ:də(r)]

vitória (f)	victory	['vɪktərɪ]
derrota (f)	defeat	[dɪ'fi:t]
armistício (m)	armistice	['ɑ:mɪstɪs]

bandeira (f)	standard	['stændəd]
glória (f)	glory	['glɔ:rɪ]
parada (f)	parade	[pə'reɪd]
marchar (vi)	to march (vi)	[tə mɑ:tʃ]

114. Armas

arma (f)	weapons	['wepənz]
arma (f) de fogo	firearms	['faɪərɑ:mz]
arma (f) branca	cold weapons	[ˌkəʊld 'wepənz]

arma (f) química	chemical weapons	['kemɪkəl 'wepənz]
nuclear (adj)	nuclear	['nju:klɪə(r)]
arma (f) nuclear	nuclear weapons	['nju:klɪə 'wepənz]

| bomba (f) | bomb | [bɒm] |
| bomba (f) atômica | atomic bomb | [ə'tɒmɪk bɒm] |

| pistola (f) | pistol | ['pɪstəl] |
| rifle (m) | rifle | ['raɪfəl] |

| semi-automática (f) | submachine gun | [ˌsʌbmə'ʃiːn gʌn] |
| metralhadora (f) | machine gun | [mə'ʃiːn gʌn] |

boca (f)	muzzle	['mʌzəl]
cano (m)	barrel	['bærəl]
calibre (m)	calibre	['kælɪbə(r)]

| gatilho (m) | trigger | ['trɪgə(r)] |
| mira (f) | sight | [saɪt] |

| carregador (m) | magazine | [ˌmægə'ziːn] |
| coronha (f) | butt | [bʌt] |

| granada (f) de mão | hand grenade | [hænd grə'neɪd] |
| explosivo (m) | explosive | [ɪk'spləʊsɪv] |

| bala (f) | bullet | ['bʊlɪt] |
| cartucho (m) | cartridge | ['kɑːtrɪdʒ] |

| carga (f) | charge | [tʃɑːdʒ] |
| munições (f pl) | ammunition | [ˌæmjʊ'nɪʃən] |

bombardeiro (m)	bomber	['bɒmə(r)]
avião (m) de caça	fighter	['faɪtə(r)]
helicóptero (m)	helicopter	['helɪkɒptə(r)]

canhão (m) antiaéreo	anti-aircraft gun	['æntɪ-'eəkrɑːft gʌn]
tanque (m)	tank	[tæŋk]
canhão (de um tanque)	tank gun	['tæŋk ˌgʌn]

| artilharia (f) | artillery | [ɑː'tɪlərɪ] |
| canhão (m) | cannon | ['kænən] |

| projétil (m) | shell | [ʃel] |
| granada (f) de morteiro | mortar bomb | ['mɔːtə bɒm] |

| morteiro (m) | mortar | ['mɔːtə(r)] |
| estilhaço (m) | splinter | ['splɪntə(r)] |

submarino (m)	submarine	[ˌsʌbmə'riːn]
torpedo (m)	torpedo	[tɔː'piːdəʊ]
míssil (m)	missile	['mɪsəl]

| carregar (uma arma) | to load (vt) | [tə ləʊd] |
| disparar, atirar (vi) | to shoot (vi) | [tə ʃuːt] |

| apontar para ... | to take aim at ... | [tə teɪk eɪm ət] |
| baioneta (f) | bayonet | ['beɪənɪt] |

espada (f)	rapier	['reɪpjə(r)]
sabre (m)	sabre	['seɪbə(r)]
lança (f)	spear	[spɪə(r)]
arco (m)	bow	['bəʊ]
flecha (f)	arrow	['ærəʊ]
mosquete (m)	musket	['mʌskɪt]
besta (f)	crossbow	['krɒsbəʊ]

115. Povos da antiguidade

primitivo (adj)	primitive	['prɪmɪtɪv]
pré-histórico (adj)	prehistoric	[ˌpriːhɪ'stɒrɪk]
antigo (adj)	ancient	['eɪnʃənt]
Idade (f) da Pedra	Stone Age	[ˌstəʊn 'eɪdʒ]
Idade (f) do Bronze	Bronze Age	['brɒnz ˌeɪdʒ]
Era (f) do Gelo	Ice Age	['aɪs ˌeɪdʒ]
tribo (f)	tribe	[traɪb]
canibal (m)	cannibal	['kænɪbəl]
caçador (m)	hunter	['hʌntə(r)]
caçar (vi)	to hunt (vi, vt)	[tə hʌnt]
mamute (m)	mammoth	['mæməθ]
caverna (f)	cave	[keɪv]
fogo (m)	fire	['faɪə(r)]
fogueira (f)	campfire	['kæmpˌfaɪə(r)]
pintura (f) rupestre	cave painting	[keɪv 'peɪntɪŋ]
ferramenta (f)	tool	[tuːl]
lança (f)	spear	[spɪə(r)]
machado (m) de pedra	stone axe	[stəʊn æks]
guerrear (vt)	to be at war	[tə bi ət wɔː]
domesticar (vt)	to domesticate (vt)	[tə də'mestɪkeɪt]
ídolo (m)	idol	['aɪdəl]
adorar, venerar (vt)	to worship (vt)	[tə 'wɜːʃɪp]
superstição (f)	superstition	[ˌsuːpə'stɪʃən]
ritual (m)	rite	[raɪt]
evolução (f)	evolution	[ˌiːvə'luːʃən]
desenvolvimento (m)	development	[dɪ'veləpmənt]
extinção (f)	disappearance	[ˌdɪsə'pɪərəns]
adaptar-se (vr)	to adapt oneself	[tə ə'dæpt wʌn'self]
arqueologia (f)	archaeology	[ˌɑːkɪ'ɒlədʒɪ]
arqueólogo (m)	archaeologist	[ˌɑːkɪ'ɒlədʒɪst]
arqueológico (adj)	archaeological	[ˌɑːkɪə'lɒdʒɪkəl]
escavação (sítio)	excavation site	[ˌekskə'veɪʃən saɪt]
escavações (f pl)	excavations	[ˌekskə'veɪʃənz]
achado (m)	find	[faɪnd]
fragmento (m)	fragment	['frægmənt]

116. Idade média

povo (m)	people	['piːpəl]
povos (m pl)	peoples	['piːpəlz]
tribo (f)	tribe	[traɪb]
tribos (f pl)	tribes	[traɪbz]
bárbaros (pl)	barbarians	[bɑː'beərɪənz]

galeses (pl)	Gauls	[gɔ:lz]
godos (pl)	Goths	[gɒθs]
eslavos (pl)	Slavs	[slɑ:vz]
viquingues (pl)	Vikings	['vaɪkɪŋz]
romanos (pl)	Romans	['rəʊmənz]
romano (adj)	Roman	['rəʊmən]
bizantinos (pl)	Byzantines	[bɪ'zæntaɪnz]
Bizâncio	Byzantium	[bɪ'zæntɪəm]
bizantino (adj)	Byzantine	[bɪ'zæntaɪn]
imperador (m)	emperor	['empərə(r)]
líder (m)	leader, chief	['li:də], [ʧi:f]
poderoso (adj)	powerful	['paʊəfʊl]
rei (m)	king	[kɪŋ]
governante (m)	ruler	['ru:lə(r)]
cavaleiro (m)	knight	[naɪt]
senhor feudal (m)	feudal lord	['fju:dəl lɔ:d]
feudal (adj)	feudal	['fju:dəl]
vassalo (m)	vassal	['væsəl]
duque (m)	duke	[dju:k]
conde (m)	earl	[ɜ:l]
barão (m)	baron	['bærən]
bispo (m)	bishop	['bɪʃəp]
armadura (f)	armour	['ɑ:mə(r)]
escudo (m)	shield	[ʃi:ld]
espada (f)	sword	[sɔ:d]
viseira (f)	visor	['vaɪzə(r)]
cota (f) de malha	chainmail	[ʧeɪn meɪl]
cruzada (f)	Crusade	[kru:'seɪd]
cruzado (m)	crusader	[kru:'seɪdə(r)]
território (m)	territory	['terətrɪ]
atacar (vt)	to attack (vt)	[tə ə'tæk]
conquistar (vt)	to conquer (vt)	[tə 'kɒŋkə(r)]
ocupar, invadir (vt)	to occupy (vt)	[tə 'ɒkjʊpaɪ]
assédio, sítio (m)	siege	[si:ʤ]
sitiado (adj)	besieged	[bɪ'si:ʤd]
assediar, sitiar (vt)	to besiege (vt)	[tə bɪ'si:ʤ]
inquisição (f)	inquisition	[ˌɪnkwɪ'zɪʃən]
inquisidor (m)	inquisitor	[ɪn'kwɪzɪtə(r)]
tortura (f)	torture	['tɔ:ʧə(r)]
cruel (adj)	cruel	[krʊəl]
herege (m)	heretic	['herətɪk]
heresia (f)	heresy	['herəsɪ]
navegação (f) marítima	seafaring	['si:ˌfeərɪŋ]
pirata (m)	pirate	['paɪrət]
pirataria (f)	piracy	['paɪrəsɪ]

abordagem (f)	boarding	['bɔ:dɪŋ]
presa (f), butim (m)	loot	[lu:t]
tesouros (m pl)	treasures	['treʒəz]

descobrimento (m)	discovery	[dɪ'skʌvərɪ]
descobrir (novas terras)	to discover (vt)	[tə dɪ'skʌvə(r)]
expedição (f)	expedition	[ˌekspɪ'dɪʃən]

mosqueteiro (m)	musketeer	[ˌmʌskɪ'tɪə(r)]
cardeal (m)	cardinal	['kɑ:dɪnəl]
heráldica (f)	heraldry	['herəldrɪ]
heráldico (adj)	heraldic	[he'rældɪk]

117. Líder. Chefe. Autoridades

rei (m)	king	[kɪŋ]
rainha (f)	queen	[kwi:n]
real (adj)	royal	['rɔɪəl]
reino (m)	kingdom	['kɪŋdəm]

príncipe (m)	prince	[prɪns]
princesa (f)	princess	[prɪn'ses]

presidente (m)	president	['prezɪdənt]
vice-presidente (m)	vice-president	[vaɪs 'prezɪdənt]
senador (m)	senator	['senətə(r)]

monarca (m)	monarch	['mɒnək]
governante (m)	ruler	['ru:lə(r)]
ditador (m)	dictator	[dɪk'teɪtə(r)]
tirano (m)	tyrant	['taɪrənt]
magnata (m)	magnate	['mægneɪt]

diretor (m)	director	[dɪ'rektə(r)]
chefe (m)	chief	[tʃi:f]
gerente (m)	manager	['mænɪdʒə(r)]
patrão (m)	boss	[bɒs]
dono (m)	owner	['əʊnə(r)]

líder (m)	leader	['li:də(r)]
chefe (m)	head	[hed]
autoridades (f pl)	authorities	[ɔ:'θɒrətɪz]
superiores (m pl)	superiors	[su:'pɪərɪərz]

governador (m)	governor	['gʌvənə(r)]
cônsul (m)	consul	['kɒnsəl]
diplomata (m)	diplomat	['dɪpləmæt]
Presidente (m) da Câmara	mayor	[meə(r)]
xerife (m)	sheriff	['ʃerɪf]

imperador (m)	emperor	['empərə(r)]
czar (m)	tsar	[zɑ:(r)]
faraó (m)	pharaoh	['feərəʊ]
cã, khan (m)	khan	[kɑ:n]

118. Violação da lei. Criminosos. Parte 1

bandido (m)	bandit	['bændɪt]
crime (m)	crime	[kraɪm]
criminoso (m)	criminal	['krɪmɪnəl]
ladrão (m)	thief	[θi:f]
roubar (vt)	to steal (vt)	[tə sti:l]
roubo (atividade)	stealing	['sti:lɪŋ]
furto (m)	theft	[θeft]
raptar, sequestrar (vt)	to kidnap (vt)	[tə 'kɪdnæp]
sequestro (m)	kidnapping	['kɪdnæpɪŋ]
sequestrador (m)	kidnapper	['kɪdnæpə(r)]
resgate (m)	ransom	['rænsəm]
pedir resgate	to demand ransom	[tə dɪ'mɑ:nd 'rænsəm]
roubar (vt)	to rob (vt)	[tə rɒb]
assalto, roubo (m)	robbery	['rɒbərɪ]
assaltante (m)	robber	['rɒbə(r)]
extorquir (vt)	to extort (vt)	[tə ɪk'stɔ:t]
extorsionário (m)	extortionist	[ɪk'stɔ:ʃənɪst]
extorsão (f)	extortion	[ɪk'stɔ:ʃən]
matar, assassinar (vt)	to murder (vt)	[tə 'mɜ:də(r)]
homicídio (m)	murder	['mɜ:də(r)]
homicida, assassino (m)	murderer	['mɜ:dərə(r)]
tiro (m)	gunshot	['gʌnʃɒt]
dar um tiro	to fire a shot	[tə ˌfaɪə ə 'ʃɒt]
matar a tiro	to shoot to death	[tə ʃu:t tə deθ]
disparar, atirar (vi)	to shoot (vi)	[tə ʃu:t]
tiroteio (m)	shooting	['ʃu:tɪŋ]
incidente (m)	incident	['ɪnsɪdənt]
briga (~ de rua)	fight, brawl	[faɪt], [brɔ:l]
Socorro!	Help!	[help]
vítima (f)	victim	['vɪktɪm]
danificar (vt)	to damage (vt)	[tə 'dæmɪdʒ]
dano (m)	damage	['dæmɪdʒ]
cadáver (m)	dead body, corpse	[ded 'bɒdɪ], [kɔ:ps]
grave (adj)	grave	[greɪv]
atacar (vt)	to attack (vt)	[tə ə'tæk]
bater (espancar)	to beat (vt)	[tə bi:t]
espancar (vt)	to beat ... up	[tə bi:t ... ʌp]
tirar, roubar (dinheiro)	to take (vt)	[tə teɪk]
esfaquear (vt)	to stab to death	[tə stæb tə deθ]
mutilar (vt)	to maim (vt)	[tə meɪm]
ferir (vt)	to wound (vt)	[tə wu:nd]
chantagem (f)	blackmail	['blækˌmeɪl]
chantagear (vt)	to blackmail (vt)	[tə 'blækˌmeɪl]

chantagista (m)	blackmailer	['blæk‚meɪlə(r)]
extorsão (f)	protection racket	[prə'tekʃən 'rækɪt]
extorsionário (m)	racketeer	[‚rækə'tɪə(r)]
gângster (m)	gangster	['gæŋstə(r)]
máfia (f)	mafia	['mæfɪə]

punguista (m)	pickpocket	['pɪk‚pɒkɪt]
assaltante, ladrão (m)	burglar	['bɜːglə]
contrabando (m)	smuggling	['smʌglɪŋ]
contrabandista (m)	smuggler	['smʌglə(r)]

falsificação (f)	forgery	['fɔːdʒərɪ]
falsificar (vt)	to forge (vt)	[tə fɔːdʒ]
falsificado (adj)	fake, forged	[feɪk], [fɔːdʒd]

119. Violação da lei. Criminosos. Parte 2

estupro (m)	rape	[reɪp]
estuprar (vt)	to rape (vt)	[tə reɪp]
estuprador (m)	rapist	['reɪpɪst]
maníaco (m)	maniac	['meɪnɪæk]

prostituta (f)	prostitute	['prɒstɪtjuːt]
prostituição (f)	prostitution	[‚prɒstɪ'tjuːʃən]
cafetão (m)	pimp	[pɪmp]

drogado (m)	drug addict	['drʌg‚ædɪkt]
traficante (m)	drug dealer	['drʌg ‚diːlə(r)]

explodir (vt)	to blow up (vt)	[tə bləʊ ʌp]
explosão (f)	explosion	[ɪk'spləʊʒən]
incendiar (vt)	to set fire	[tə set 'faɪə(r)]
incendiário (m)	arsonist	['ɑːsənɪst]

terrorismo (m)	terrorism	['terərɪzəm]
terrorista (m)	terrorist	['terərɪst]
refém (m)	hostage	['hɒstɪdʒ]

enganar (vt)	to swindle (vt)	[tə 'swɪndəl]
engano (m)	swindle, deception	['swɪndəl], [dɪ'sepʃən]
vigarista (m)	swindler	['swɪndlə(r)]

subornar (vt)	to bribe (vt)	[tə braɪb]
suborno (atividade)	bribery	['braɪbərɪ]
suborno (dinheiro)	bribe	[braɪb]

veneno (m)	poison	['pɔɪzən]
envenenar (vt)	to poison (vt)	[tə 'pɔɪzən]
envenenar-se (vr)	to poison oneself	[tə 'pɔɪzən wʌn'self]

suicídio (m)	suicide	['suːɪsaɪd]
suicida (m)	suicide	['suːɪsaɪd]
ameaçar (vt)	to threaten (vt)	[tə 'θretən]
ameaça (f)	threat	[θret]

atentar contra a vida de ...	to make an attempt	[tə meɪk ən ə'tempt]
atentado (m)	attempt	[ə'tempt]

roubar (um carro)	to steal (vt)	[tə sti:l]
sequestrar (um avião)	to hijack (vt)	[tə 'haɪdʒæk]

vingança (f)	revenge	[rɪ'vendʒ]
vingar (vt)	to avenge (vt)	[tə ə'vendʒ]

torturar (vt)	to torture (vt)	[tə 'tɔ:tʃə(r)]
tortura (f)	torture	['tɔ:tʃə(r)]
atormentar (vt)	to torment (vt)	[tə tɔ:'ment]

pirata (m)	pirate	['paɪrət]
desordeiro (m)	hooligan	['hu:lɪgən]
armado (adj)	armed	[ɑ:md]
violência (f)	violence	['vaɪələns]
ilegal (adj)	illegal	[ɪ'li:gəl]

espionagem (f)	spying, espionage	['spaɪɪŋ], ['espɪəˌnɑ:ʒ]
espionar (vi)	to spy (vi)	[tə spaɪ]

120. Polícia. Lei. Parte 1

justiça (sistema de ~)	justice	['dʒʌstɪs]
tribunal (m)	court	[kɔ:t]

juiz (m)	judge	[dʒʌdʒ]
jurados (m pl)	jurors	['dʒʊərəz]
tribunal (m) do júri	jury trial	['dʒʊərɪ 'traɪəl]
julgar (vt)	to judge (vt)	[tə dʒʌdʒ]

advogado (m)	lawyer, barrister	['lɔ:jə(r)], ['bærɪstə(r)]
réu (m)	defendant	[dɪ'fendənt]
banco (m) dos réus	dock	[dɒk]

acusação (f)	charge	[tʃɑ:dʒ]
acusado (m)	accused	[ə'kju:zd]

sentença (f)	sentence	['sentəns]
sentenciar (vt)	to sentence (vt)	[tə 'sentəns]

punir (vt)	to punish (vt)	[tə 'pʌnɪʃ]
punição (f)	punishment	['pʌnɪʃmənt]

multa (f)	fine	[faɪn]
prisão (f) perpétua	life imprisonment	[laɪf ɪm'prɪzənmənt]
pena (f) de morte	death penalty	['deθ ˌpenəltɪ]
cadeira (f) elétrica	electric chair	[ɪ'lektrɪk 'tʃeə(r)]
forca (f)	gallows	['gæləʊz]

executar (vt)	to execute (vt)	[tə 'eksɪkju:t]
execução (f)	execution	[ˌeksɪ'kju:ʃən]
prisão (f)	prison	['prɪzən]

cela (f) de prisão	cell	[sel]
escolta (f)	escort	['eskɔ:t]
guarda (m) prisional	prison officer	['prɪzən 'ɒfɪsə(r)]
preso, prisioneiro (m)	prisoner	['prɪzənə(r)]

| algemas (f pl) | handcuffs | ['hændkʌfs] |
| algemar (vt) | to handcuff (vt) | [tə 'hændkʌf] |

fuga, evasão (f)	prison break	['prɪzən breɪk]
fugir (vi)	to break out (vi)	[tə breɪk 'aʊt]
desaparecer (vi)	to disappear (vi)	[tə ˌdɪsə'pɪə(r)]
soltar, libertar (vt)	to release (vt)	[tə rɪ'li:s]
anistia (f)	amnesty	['æmnəstɪ]

polícia (instituição)	police	[pə'li:s]
polícia (m)	police officer	[pə'li:s 'ɒfɪsə(r)]
delegacia (f) de polícia	police station	[pə'li:s 'steɪʃən]
cassetete (m)	truncheon	['trʌntʃən]
megafone (m)	loudhailer	[ˌlaʊd'heɪlə(r)]

carro (m) de patrulha	patrol car	[pə'trəʊl ka:(r)]
sirene (f)	siren	['saɪərən]
ligar a sirene	to turn on the siren	[tə tɜ:n ˌɒn ðə 'saɪərən]
toque (m) da sirene	siren call	['saɪərən kɔ:l]

cena (f) do crime	crime scene	[kraɪm si:n]
testemunha (f)	witness	['wɪtnɪs]
liberdade (f)	freedom	['fri:dəm]
cúmplice (m)	accomplice	[ə'kʌmplɪs]
traço (não deixar ~s)	trace	[treɪs]

121. Polícia. Lei. Parte 2

procura (f)	search	[sɜ:tʃ]
procurar (vt)	to look for ...	[tə lʊk fɔ:(r)]
suspeita (f)	suspicion	[sə'spɪʃən]
suspeito (adj)	suspicious	[sə'spɪʃəs]
parar (veículo, etc.)	to stop (vt)	[tə stɒp]
deter (fazer parar)	to detain (vt)	[tə dɪ'teɪn]

caso (~ criminal)	case	[keɪs]
investigação (f)	investigation	[ɪnˌvestɪ'geɪʃən]
detetive (m)	detective	[dɪ'tektɪv]
investigador (m)	investigator	[ɪn'vestɪˌgeɪtə(r)]
versão (f)	hypothesis	[haɪ'pɒθɪsɪs]

motivo (m)	motive	['məʊtɪv]
interrogatório (m)	interrogation	[ɪnˌterə'geɪʃən]
interrogar (vt)	to interrogate (vt)	[tə ɪn'terəgeɪt]
questionar (vt)	to question (vt)	[tə 'kwestʃən]
verificação (f)	check	[tʃek]

| batida (f) policial | round-up | [raʊndʌp] |
| busca (f) | search | [sɜ:tʃ] |

perseguição (f)	chase	[ʧeɪs]
perseguir (vt)	to pursue, to chase	[tə pə'sjuː], [tə ʧeɪs]
seguir, rastrear (vt)	to track (vt)	[tə træk]
prisão (f)	arrest	[ə'rest]
prender (vt)	to arrest (vt)	[tə ə'rest]
pegar, capturar (vt)	to catch (vt)	[tə kæʧ]
captura (f)	capture	['kæpʧə(r)]
documento (m)	document	['dɒkjʊmənt]
prova (f)	proof	[pruːf]
provar (vt)	to prove (vt)	[tə pruːv]
pegada (f)	footprint	['fʊtprɪnt]
impressões (f pl) digitais	fingerprints	['fɪŋgəprɪnts]
prova (f)	piece of evidence	[piːs ɒf 'evɪdəns]
álibi (m)	alibi	['ælɪbaɪ]
inocente (adj)	innocent	['ɪnəsənt]
injustiça (f)	injustice	[ɪn'dʒʌstɪs]
injusto (adj)	unjust, unfair	[ˌʌn'dʒʌst], [ˌʌn'feə(r)]
criminal (adj)	criminal	['krɪmɪnəl]
confiscar (vt)	to confiscate (vt)	[tə 'kɒnfɪskeɪt]
droga (f)	drug	[drʌg]
arma (f)	weapon, gun	['wepən], [gʌn]
desarmar (vt)	to disarm (vt)	[tə dɪs'ɑːm]
ordenar (vt)	to order (vt)	[tə 'ɔːdə(r)]
desaparecer (vi)	to disappear (vi)	[tə ˌdɪsə'pɪə(r)]
lei (f)	law	[lɔː]
legal (adj)	legal, lawful	['liːgəl], ['lɔːfʊl]
ilegal (adj)	illegal, illicit	[ɪ'liːgəl], [ɪ'lɪsɪt]
responsabilidade (f)	responsibility	[rɪˌspɒnsə'bɪlɪtɪ]
responsável (adj)	responsible	[rɪ'spɒnsəbəl]

NATUREZA

A Terra. Parte 1

122. Espaço sideral

espaço, cosmo (m)	space	[speɪs]
espacial, cósmico (adj)	space	[speɪs]
espaço (m) cósmico	outer space	['aʊtə speɪs]
mundo (m)	world	[wɜːld]
universo (m)	universe	['juːnɪvɜːs]
galáxia (f)	galaxy	['gæləksɪ]
estrela (f)	star	[stɑː(r)]
constelação (f)	constellation	[ˌkɒnstə'leɪʃən]
planeta (m)	planet	['plænɪt]
satélite (m)	satellite	['sætəlaɪt]
meteorito (m)	meteorite	['miːtjəraɪt]
cometa (m)	comet	['kɒmɪt]
asteroide (m)	asteroid	['æstərɔɪd]
órbita (f)	orbit	['ɔːbɪt]
girar (vi)	to rotate (vi)	[tə rəʊ'teɪt]
atmosfera (f)	atmosphere	['ætməˌsfɪə(r)]
Sol (m)	the Sun	[sʌn]
Sistema (m) Solar	solar system	['səʊlə 'sɪstəm]
eclipse (m) solar	solar eclipse	['səʊlə ɪ'klɪps]
Terra (f)	the Earth	[ðɪ ɜːθ]
Lua (f)	the Moon	[ðə muːn]
Marte (m)	Mars	[mɑːz]
Vênus (f)	Venus	['viːnəs]
Júpiter (m)	Jupiter	['dʒuːpɪtə(r)]
Saturno (m)	Saturn	['sætən]
Mercúrio (m)	Mercury	['mɜːkjʊrɪ]
Urano (m)	Uranus	['jʊərənəs]
Netuno (m)	Neptune	['neptjuːn]
Plutão (m)	Pluto	['pluːtəʊ]
Via Láctea (f)	Milky Way	['mɪlkɪ weɪ]
Ursa Maior (f)	Great Bear	[greɪt 'beə(r)]
Estrela Polar (f)	North Star	[nɔːθ stɑː(r)]
marciano (m)	Martian	['mɑːʃən]
extraterrestre (m)	extraterrestrial	[ˌekstrətə'restrɪəl]

| alienígena (m) | alien | ['eɪljən] |
| disco (m) voador | flying saucer | ['flaɪɪŋ 'sɔ:sə(r)] |

espaçonave (f)	spaceship	['speɪsʃɪp]
estação (f) orbital	space station	[speɪs 'steɪʃən]
lançamento (m)	blast-off	[blɑ:st ɒf]

motor (m)	engine	['endʒɪn]
bocal (m)	nozzle	['nɒzəl]
combustível (m)	fuel	[fjʊəl]

cabine (f)	cockpit	['kɒkpɪt]
antena (f)	aerial	['eərɪəl]
vigia (f)	porthole	['pɔ:thəʊl]
bateria (f) solar	solar panel	['səʊlə 'pænəl]
traje (m) espacial	spacesuit	['speɪssu:t]

| imponderabilidade (f) | weightlessness | ['weɪtlɪsnɪs] |
| oxigênio (m) | oxygen | ['ɒksɪdʒən] |

| acoplagem (f) | docking | ['dɒkɪŋ] |
| fazer uma acoplagem | to dock (vi, vt) | [tə dɒk] |

observatório (m)	observatory	[əb'zɜ:vətrɪ]
telescópio (m)	telescope	['telɪskəʊp]
observar (vt)	to observe (vt)	[tə əb'zɜ:v]
explorar (vt)	to explore (vt)	[tə ɪk'splɔ:(r)]

123. A Terra

Terra (f)	the Earth	[ði ɜ:θ]
globo terrestre (Terra)	the globe	[ði gləʊb]
planeta (m)	planet	['plænɪt]

atmosfera (f)	atmosphere	['ætmə͵sfɪə(r)]
geografia (f)	geography	[dʒɪ'ɒgrəfɪ]
natureza (f)	nature	['neɪtʃə(r)]

globo (mapa esférico)	globe	[gləʊb]
mapa (m)	map	[mæp]
atlas (m)	atlas	['ætləs]

| Europa (f) | Europe | ['jʊərəp] |
| Ásia (f) | Asia | ['eɪʒə] |

| África (f) | Africa | ['æfrɪkə] |
| Austrália (f) | Australia | [ɒ'streɪljə] |

América (f)	America	[ə'merɪkə]
América (f) do Norte	North America	[nɔ:θ ə'merɪkə]
América (f) do Sul	South America	[saʊθ ə'merɪkə]

| Antártida (f) | Antarctica | [ænt'ɑ:ktɪkə] |
| Ártico (m) | the Arctic | [ðə 'ɑrktɪk] |

124. Pontos cardeais

norte (m)	north	[nɔ:θ]
para norte	to the north	[tə ðə nɔ:θ]
no norte	in the north	[ɪn ðə nɔ:θ]
do norte (adj)	northern	['nɔ:ðən]
sul (m)	south	[saʊθ]
para sul	to the south	[tə ðə saʊθ]
no sul	in the south	[ɪn ðə saʊθ]
do sul (adj)	southern	['sʌðən]
oeste, ocidente (m)	west	[west]
para oeste	to the west	[tə ðə west]
no oeste	in the west	[ɪn ðə west]
ocidental (adj)	western	['westən]
leste, oriente (m)	east	[i:st]
para leste	to the east	[tə ðɪ i:st]
no leste	in the east	[ɪn ðɪ i:st]
oriental (adj)	eastern	['i:stən]

125. Mar. Oceano

mar (m)	sea	[si:]
oceano (m)	ocean	['əʊʃən]
golfo (m)	gulf	[gʌlf]
estreito (m)	straits	[streɪts]
terra (f) firme	land	[lænd]
continente (m)	continent	['kɒntɪnənt]
ilha (f)	island	['aɪlənd]
península (f)	peninsula	[pə'nɪnsjʊlə]
arquipélago (m)	archipelago	[ˌɑ:kɪ'pelɪgəʊ]
baía (f)	bay	[beɪ]
porto (m)	harbour	['hɑ:bə(r)]
lagoa (f)	lagoon	[lə'gu:n]
cabo (m)	cape	[keɪp]
atol (m)	atoll	['ætɒl]
recife (m)	reef	[ri:f]
coral (m)	coral	['kɒrəl]
recife (m) de coral	coral reef	['kɒrəl ri:f]
profundo (adj)	deep	[di:p]
profundidade (f)	depth	[depθ]
abismo (m)	abyss	[ə'bɪs]
fossa (f) oceânica	trench	[trentʃ]
corrente (f)	current	['kʌrənt]
banhar (vt)	to surround (vt)	[tə sə'raʊnd]
litoral (m)	shore	[ʃɔ:(r)]

costa (f)	coast	[kəʊst]
maré (f) alta	flow	[fləʊ]
refluxo (m)	ebb	[eb]
restinga (f)	shoal	[ʃəʊl]
fundo (m)	bottom	['bɒtəm]

onda (f)	wave	[weɪv]
crista (f) da onda	crest	[krest]
espuma (f)	foam, spume	[fəʊm], [spjuːm]

tempestade (f)	storm	[stɔːm]
furacão (m)	hurricane	['hʌrɪkən]
tsunami (m)	tsunami	[tsuːˈnɑːmɪ]
calmaria (f)	calm	[kɑːm]
calmo (adj)	quiet, calm	['kwaɪət], [kɑːm]

| polo (m) | pole | [pəʊl] |
| polar (adj) | polar | ['pəʊlə(r)] |

latitude (f)	latitude	['lætɪtjuːd]
longitude (f)	longitude	['lɒndʒɪtjuːd]
paralela (f)	parallel	['pærəlel]
equador (m)	equator	[ɪˈkweɪtə(r)]

céu (m)	sky	[skaɪ]
horizonte (m)	horizon	[həˈraɪzən]
ar (m)	air	[eə]

farol (m)	lighthouse	['laɪthaʊs]
mergulhar (vi)	to dive (vi)	[tə daɪv]
afundar-se (vr)	to sink (vi)	[tə sɪŋk]
tesouros (m pl)	treasures	['treʒəz]

126. Nomes de Mares e Oceanos

Oceano (m) Atlântico	Atlantic Ocean	[ətˈlæntɪk ˈəʊʃən]
Oceano (m) Índico	Indian Ocean	['ɪndɪən ˈəʊʃən]
Oceano (m) Pacífico	Pacific Ocean	[pəˈsɪfɪk ˈəʊʃən]
Oceano (m) Ártico	Arctic Ocean	['ɑrktɪk ˈəʊʃən]

Mar (m) Negro	Black Sea	[blæk siː]
Mar (m) Vermelho	Red Sea	[red siː]
Mar (m) Amarelo	Yellow Sea	[jeləʊ 'siː]
Mar (m) Branco	White Sea	[waɪt siː]

Mar (m) Cáspio	Caspian Sea	['kæspɪən siː]
Mar (m) Morto	Dead Sea	[ˌded 'siː]
Mar (m) Mediterrâneo	Mediterranean Sea	[ˌmedɪtəˈreɪnɪən siː]

| Mar (m) Egeu | Aegean Sea | [iːˈdʒiːən siː] |
| Mar (m) Adriático | Adriatic Sea | [ˌeɪdrɪˈætɪk siː] |

| Mar (m) Arábico | Arabian Sea | [əˈreɪbɪən siː] |
| Mar (m) do Japão | Sea of Japan | ['siː əv dʒəˈpæn] |

Mar (m) de Bering	Bering Sea	['berɪŋ si:]
Mar (m) da China Meridional	South China Sea	[sauθ 'tʃaɪnə si:]
Mar (m) de Coral	Coral Sea	['kɒrəl si:]
Mar (m) de Tasman	Tasman Sea	['tæzmən si:]
Mar (m) do Caribe	Caribbean Sea	['kæ'rɪbɪən si:]
Mar (m) de Barents	Barents Sea	['bærənts si:]
Mar (m) de Kara	Kara Sea	['kɑ:rə si:]
Mar (m) do Norte	North Sea	[nɔ:θ si:]
Mar (m) Báltico	Baltic Sea	['bɔ:ltɪk si:]
Mar (m) da Noruega	Norwegian Sea	[nɔ:'wi:dʒən si:]

127. Montanhas

montanha (f)	mountain	['mauntɪn]
cordilheira (f)	mountain range	['mauntɪn reɪndʒ]
serra (f)	mountain ridge	['mauntɪn rɪdʒ]
cume (m)	summit, top	['sʌmɪt], [tɒp]
pico (m)	peak	[pi:k]
pé (m)	foot	[fut]
declive (m)	slope	[sləup]
vulcão (m)	volcano	[vɒl'kenəu]
vulcão (m) ativo	active volcano	['æktɪv vɒl'kenəu]
vulcão (m) extinto	dormant volcano	['dɔ:mənt vɒl'kenəu]
erupção (f)	eruption	[ɪ'rʌpʃən]
cratera (f)	crater	['kreɪtə(r)]
magma (m)	magma	['mægmə]
lava (f)	lava	['lɑ:və]
fundido (lava ~a)	molten	['məultən]
cânion, desfiladeiro (m)	canyon	['kænjən]
garganta (f)	gorge	[gɔ:dʒ]
fenda (f)	crevice	['krevɪs]
precipício (m)	abyss	[ə'bɪs]
passo, colo (m)	pass, col	[pɑ:s], [kɒl]
planalto (m)	plateau	['plætəu]
falésia (f)	cliff	[klɪf]
colina (f)	hill	[hɪl]
geleira (f)	glacier	['glæsjə(r)]
cachoeira (f)	waterfall	['wɔ:təfɔ:l]
gêiser (m)	geyser	['gi:zə(r)]
lago (m)	lake	[leɪk]
planície (f)	plain	[pleɪn]
paisagem (f)	landscape	['lændskeɪp]
eco (m)	echo	['ekəu]
alpinista (m)	alpinist	['ælpɪnɪst]

121

escalador (m)	rock climber	[rɒk 'klaɪmə(r)]
conquistar (vt)	conquer (vt)	['kɒŋkə(r)]
subida, escalada (f)	climb	[klaɪm]

128. Nomes de montanhas

Alpes (m pl)	The Alps	[ði ælps]
Monte Branco (m)	Mont Blanc	[ˌmõ'blɑ̃]
Pirineus (m pl)	The Pyrenees	[ði ˌpɪrə'ni:z]

Cárpatos (m pl)	The Carpathians	[ði kɑ:'peɪθɪənz]
Urais (m pl)	The Ural Mountains	[ði 'jʊərəl 'maʊntɪnz]
Cáucaso (m)	The Caucasus Mountains	[ði 'kɔ:kəsəs 'maʊntɪnz]
Elbrus (m)	Mount Elbrus	['maʊnt ˌelbə'ru:s]

Altai (m)	The Altai Mountains	[ði ˌɑ:l'taɪ 'maʊntɪnz]
Tian Shan (m)	The Tian Shan	[ði tjɛn'ʃa:n]
Pamir (m)	The Pamir Mountains	[ði pə'mɪə 'maʊntɪnz]
Himalaia (m)	The Himalayas	[ði ˌhɪmə'leɪəz]
monte Everest (m)	Mount Everest	[ði 'maʊnt 'evərɪst]

| Cordilheira (f) dos Andes | The Andes | [ði 'ændi:z] |
| Kilimanjaro (m) | Mount Kilimanjaro | ['maʊnt ˌkɪlɪmən'dʒɑ:rəʊ] |

129. Rios

rio (m)	river	['rɪvə(r)]
fonte, nascente (f)	spring	[sprɪŋ]
leito (m) de rio	riverbed	['rɪvəbed]
bacia (f)	basin	['beɪsən]
desaguar no ...	to flow into ...	[tə fləʊ 'ɪntʊ]

| afluente (m) | tributary | ['trɪbjʊtrɪ] |
| margem (do rio) | bank | [bæŋk] |

corrente (f)	current, stream	['kʌrənt], [stri:m]
rio abaixo	downstream	['daʊnˌstri:m]
rio acima	upstream	[ˌʌp'stri:m]

inundação (f)	inundation	[ˌɪnʌn'deɪʃən]
cheia (f)	flooding	['flʌdɪŋ]
transbordar (vi)	to overflow (vi)	[tə ˌəʊvə'fləʊ]
inundar (vt)	to flood (vt)	[tə flʌd]

| banco (m) de areia | shallow | ['ʃæləʊ] |
| corredeira (f) | rapids | ['ræpɪdz] |

barragem (f)	dam	[dæm]
canal (m)	canal	[kə'næl]
reservatório (m) de água	reservoir	['rezəvwɑ:(r)]
eclusa (f)	sluice, lock	[slu:s], [lɒk]
corpo (m) de água	water body	['wɔ:tə 'bɒdɪ]

pântano (m)	swamp	[swɒmp]
lamaçal (m)	bog, marsh	[bɒg], [mɑːʃ]
redemoinho (m)	whirlpool	['wɜːlpuːl]

riacho (m)	stream	[striːm]
potável (adj)	drinking	['drɪŋkɪŋ]
doce (água)	fresh	[freʃ]

| gelo (m) | ice | [aɪs] |
| congelar-se (vr) | to freeze over | [tə friːz 'əʊvə(r)] |

130. Nomes de rios

| rio Sena (m) | Seine | [seɪn] |
| rio Loire (m) | Loire | [lwɑːr] |

rio Tâmisa (m)	Thames	[temz]
rio Reno (m)	Rhine	[raɪn]
rio Danúbio (m)	Danube	['dænjuːb]

rio Volga (m)	Volga	['vɒlgə]
rio Don (m)	Don	[dɒn]
rio Lena (m)	Lena	['leɪnə]

rio Amarelo (m)	Yellow River	[ˌjeləʊ 'rɪvə(r)]
rio Yangtzé (m)	Yangtze	['jæŋtsɪ]
rio Mekong (m)	Mekong	['miːkɒŋ]
rio Ganges (m)	Ganges	['gændʒiːz]

rio Nilo (m)	Nile	[naɪl]
rio Congo (m)	Congo	['kɒŋgəʊ]
rio Cubango (m)	Okavango	[ˌɔkə'væŋgəʊ]
rio Zambeze (m)	Zambezi	[zæm'biːzɪ]
rio Limpopo (m)	Limpopo	[lɪm'pəʊpəu]

131. Floresta

| floresta (f), bosque (m) | forest, wood | ['fɒrɪst], [wʊd] |
| florestal (adj) | forest | ['fɒrɪst] |

mata (f) fechada	thick forest	[θɪk 'fɒrɪst]
arvoredo (m)	grove	[grəʊv]
clareira (f)	clearing	['klɪərɪŋ]

| matagal (m) | thicket | ['θɪkɪt] |
| mato (m), caatinga (f) | scrubland | ['skrʌblænd] |

| pequena trilha (f) | footpath | ['fʊtpɑːθ] |
| ravina (f) | gully | ['gʌlɪ] |

| árvore (f) | tree | [triː] |
| folha (f) | leaf | [liːf] |

folhagem (f)	leaves	[li:vz]
queda (f) das folhas	fall of leaves	[fɔ:l əv li:vz]
cair (vi)	to fall (vi)	[tə fɔ:l]
topo (m)	top	[tɒp]

ramo (m)	branch	[brɑ:ntʃ]
galho (m)	bough	[baʊ]
botão (m)	bud	[bʌd]
agulha (f)	needle	['ni:dəl]
pinha (f)	fir cone	[fɜ: kəʊn]

buraco (m) de árvore	tree hollow	[tri: 'hɒləʊ]
ninho (m)	nest	[nest]
toca (f)	burrow, animal hole	['bʌrəʊ], ['ænɪməl həʊl]

tronco (m)	trunk	[trʌŋk]
raiz (f)	root	[ru:t]
casca (f) de árvore	bark	[bɑ:k]
musgo (m)	moss	[mɒs]

arrancar pela raiz	to uproot (vt)	[tə ˌʌp'ru:t]
cortar (vt)	to chop down	[tə tʃɒp daʊn]
desflorestar (vt)	to deforest (vt)	[tə ˌdi:'fɒrɪst]
toco, cepo (m)	tree stump	[tri: stʌmp]

fogueira (f)	campfire	['kæmpˌfaɪə(r)]
incêndio (m) florestal	forest fire	['fɒrɪst 'faɪə(r)]
apagar (vt)	to extinguish (vt)	[tə ɪk'stɪŋgwɪʃ]

guarda-parque (m)	forest ranger	['fɒrɪst 'reɪndʒə]
proteção (f)	protection	[prə'tekʃən]
proteger (a natureza)	to protect (vt)	[tə prə'tekt]
caçador (m) furtivo	poacher	['pəʊtʃə(r)]
armadilha (f)	steel trap	[sti:l træp]

| colher (cogumelos, bagas) | to gather, to pick (vt) | [tə 'gæðə(r)], [tə pɪk] |
| perder-se (vr) | to lose one's way | [tə lu:z wʌnz weɪ] |

132. Recursos naturais

recursos (m pl) naturais	natural resources	['nætʃərəl rɪ'sɔ:sɪz]
minerais (m pl)	minerals	['mɪnərəlz]
depósitos (m pl)	deposits	[dɪ'pɒzɪts]
jazida (f)	field	[fi:ld]

extrair (vt)	to mine (vt)	[tə maɪn]
extração (f)	mining	['maɪnɪŋ]
minério (m)	ore	[ɔ:(r)]
mina (f)	mine	[maɪn]
poço (m) de mina	shaft	[ʃɑ:ft]
mineiro (m)	miner	['maɪnə(r)]

| gás (m) | gas | [gæs] |
| gasoduto (m) | gas pipeline | [gæs 'paɪplaɪn] |

petróleo (m)	oil, petroleum	[ɔɪl], [pɪ'trəʊlɪəm]
oleoduto (m)	oil pipeline	[ɔɪl 'paɪplaɪn]
poço (m) de petróleo	oil well	[ɔɪl wel]
torre (f) petrolífera	derrick	['derɪk]
petroleiro (m)	tanker	['tæŋkə(r)]

areia (f)	sand	[sænd]
calcário (m)	limestone	['laɪmstəʊn]
cascalho (m)	gravel	['grævəl]
turfa (f)	peat	[piːt]
argila (f)	clay	[kleɪ]
carvão (m)	coal	[kəʊl]

ferro (m)	iron	['aɪən]
ouro (m)	gold	[gəʊld]
prata (f)	silver	['sɪlvə(r)]
níquel (m)	nickel	['nɪkəl]
cobre (m)	copper	['kɒpə(r)]

zinco (m)	zinc	[zɪŋk]
manganês (m)	manganese	['mæŋgəniːz]
mercúrio (m)	mercury	['mɜːkjʊrɪ]
chumbo (m)	lead	[led]

mineral (m)	mineral	['mɪnərəl]
cristal (m)	crystal	['krɪstəl]
mármore (m)	marble	['mɑːbəl]
urânio (m)	uranium	[jʊ'reɪnjəm]

A Terra. Parte 2

133. Tempo

tempo (m)	weather	['weðə(r)]
previsão (f) do tempo	weather forecast	['weðə 'fɔːkɑːst]
temperatura (f)	temperature	['temprətʃə(r)]
termômetro (m)	thermometer	[θə'mɒmɪtə(r)]
barômetro (m)	barometer	[bə'rɒmɪtə(r)]
úmido (adj)	humid	['hjuːmɪd]
umidade (f)	humidity	[hjuː'mɪdətɪ]
calor (m)	heat	[hiːt]
tórrido (adj)	hot	[hɒt]
está muito calor	it's hot	[ɪts hɒt]
está calor	it's warm	[ɪts wɔːm]
quente (morno)	warm	[wɔːm]
está frio	it's cold	[ɪts kəʊld]
frio (adj)	cold	[kəʊld]
sol (m)	sun	[sʌn]
brilhar (vi)	to shine (vi)	[tə ʃaɪn]
de sol, ensolarado	sunny	['sʌnɪ]
nascer (vi)	to come up (vi)	[tə kʌm ʌp]
pôr-se (vr)	to set (vi)	[tə set]
nuvem (f)	cloud	[klaʊd]
nublado (adj)	cloudy	['klaʊdɪ]
nuvem (f) preta	rain cloud	[reɪn klaʊd]
escuro, cinzento (adj)	sombre	['sɒmbə(r)]
chuva (f)	rain	[reɪn]
está a chover	it's raining	[ˌɪt ɪz 'reɪnɪŋ]
chuvoso (adj)	rainy	['reɪnɪ]
chuviscar (vi)	to drizzle (vi)	[tə 'drɪzəl]
chuva (f) torrencial	pouring rain	['pɔːrɪŋ reɪn]
aguaceiro (m)	downpour	['daʊnpɔː(r)]
forte (chuva, etc.)	heavy	['hevɪ]
poça (f)	puddle	['pʌdəl]
molhar-se (vr)	to get wet	[tə get wet]
nevoeiro (m)	fog, mist	[fɒg], [mɪst]
de nevoeiro	foggy	['fɒgɪ]
neve (f)	snow	[snəʊ]
está nevando	it's snowing	[ɪts snəʊɪŋ]

134. Tempo extremo. Catástrofes naturais

trovoada (f)	thunderstorm	['θʌndəstɔːm]
relâmpago (m)	lightning	['laɪtnɪŋ]
relampejar (vi)	to flash (vi)	[tə flæʃ]

trovão (m)	thunder	['θʌndə(r)]
trovejar (vi)	to thunder (vi)	[tə 'θʌndə(r)]
está trovejando	it's thundering	[ɪts 'θʌndərɪŋ]

| granizo (m) | hail | [heɪl] |
| está caindo granizo | it's hailing | [ɪts heɪlɪŋ] |

| inundar (vt) | to flood (vt) | [tə flʌd] |
| inundação (f) | flood | [flʌd] |

terremoto (m)	earthquake	['ɜːθkweɪk]
abalo, tremor (m)	tremor, shock	['tremə(r)], [ʃɒk]
epicentro (m)	epicentre	['epɪsentə(r)]

| erupção (f) | eruption | [ɪ'rʌpʃən] |
| lava (f) | lava | ['lɑːvə] |

tornado (m)	twister	['twɪstə(r)]
tornado (m)	tornado	[tɔ:'neɪdəʊ]
tufão (m)	typhoon	[taɪ'fuːn]

furacão (m)	hurricane	['hʌrɪkən]
tempestade (f)	storm	[stɔːm]
tsunami (m)	tsunami	[tsu:'nɑːmɪ]

ciclone (m)	cyclone	['saɪkləʊn]
mau tempo (m)	bad weather	[bæd 'weðə(r)]
incêndio (m)	fire	['faɪə(r)]
catástrofe (f)	disaster	[dɪ'zɑːstə(r)]
meteorito (m)	meteorite	['miːtjəraɪt]

avalanche (f)	avalanche	['ævəlɑːnʃ]
deslizamento (m) de neve	snowslide	['snəʊslaɪd]
nevasca (f)	blizzard	['blɪzəd]
tempestade (f) de neve	snowstorm	['snəʊstɔːm]

Fauna

135. Mamíferos. Predadores

predador (m)	predator	['predətə(r)]
tigre (m)	tiger	['taɪgə(r)]
leão (m)	lion	['laɪən]
lobo (m)	wolf	[wʊlf]
raposa (f)	fox	[fɒks]

jaguar (m)	jaguar	['dʒægjʊə(r)]
leopardo (m)	leopard	['lepəd]
chita (f)	cheetah	['tʃiːtə]

pantera (f)	black panther	[blæk 'pænθə(r)]
puma (m)	puma	['pjuːmə]
leopardo-das-neves (m)	snow leopard	[snəʊ 'lepəd]
lince (m)	lynx	[lɪnks]

coiote (m)	coyote	[kɔɪ'əʊtɪ]
chacal (m)	jackal	['dʒækəl]
hiena (f)	hyena	[haɪ'iːnə]

136. Animais selvagens

| animal (m) | animal | ['ænɪməl] |
| besta (f) | beast | [biːst] |

esquilo (m)	squirrel	['skwɪrəl]
ouriço (m)	hedgehog	['hedʒhɒg]
lebre (f)	hare	[heə(r)]
coelho (m)	rabbit	['ræbɪt]

texugo (m)	badger	['bædʒə(r)]
guaxinim (m)	raccoon	[rə'kuːn]
hamster (m)	hamster	['hæmstə(r)]
marmota (f)	marmot	['mɑːmət]

toupeira (f)	mole	[məʊl]
rato (m)	mouse	[maʊs]
ratazana (f)	rat	[ræt]
morcego (m)	bat	[bæt]

arminho (m)	ermine	['ɜːmɪn]
zibelina (f)	sable	['seɪbəl]
marta (f)	marten	['mɑːtɪn]
doninha (f)	weasel	['wiːzəl]
visom (m)	mink	[mɪŋk]

| castor (m) | beaver | ['biːvə(r)] |
| lontra (f) | otter | ['ɒtə(r)] |

cavalo (m)	horse	[hɔːs]
alce (m)	moose	[muːs]
veado (m)	deer	[dɪə(r)]
camelo (m)	camel	['kæməl]

bisão (m)	bison	['baɪsən]
auroque (m)	wisent	['wiːzənt]
búfalo (m)	buffalo	['bʌfələʊ]

zebra (f)	zebra	['zebrə]
antílope (m)	antelope	['æntɪləʊp]
corça (f)	roe deer	[rəʊ dɪə(r)]
gamo (m)	fallow deer	['fæləʊ dɪə(r)]
camurça (f)	chamois	['ʃæmwɑː]
javali (m)	wild boar	[ˌwaɪld 'bɔː(r)]

baleia (f)	whale	[weɪl]
foca (f)	seal	[siːl]
morsa (f)	walrus	['wɔːlrəs]
urso-marinho (m)	fur seal	['fɜːˌsiːl]
golfinho (m)	dolphin	['dɒlfɪn]

urso (m)	bear	[beə]
urso (m) polar	polar bear	['pəʊlə ˌbeə(r)]
panda (m)	panda	['pændə]

macaco (m)	monkey	['mʌŋkɪ]
chimpanzé (m)	chimpanzee	[ˌʧɪmpæn'ziː]
orangotango (m)	orangutan	[ɒˌræŋuːˈtæn]
gorila (m)	gorilla	[gə'rɪlə]
macaco (m)	macaque	[mə'kɑːk]
gibão (m)	gibbon	['gɪbən]

elefante (m)	elephant	['elɪfənt]
rinoceronte (m)	rhinoceros	[raɪ'nɒsərəs]
girafa (f)	giraffe	[dʒɪ'rɑːf]
hipopótamo (m)	hippopotamus	[ˌhɪpə'pɒtəməs]

| canguru (m) | kangaroo | [ˌkæŋgə'ruː] |
| coala (m) | koala | [kəʊ'ɑːlə] |

mangusto (m)	mongoose	['mɒŋguːs]
chinchila (f)	chinchilla	[ˌʧɪn'ʧɪlə]
cangambá (f)	skunk	[skʌŋk]
porco-espinho (m)	porcupine	['pɔːkjʊpaɪn]

137. Animais domésticos

gata (f)	cat	[kæt]
gato (m) macho	tomcat	['tɒmkæt]
cão (m)	dog	[dɒg]

cavalo (m)	horse	[hɔːs]
garanhão (m)	stallion	['stælɪən]
égua (f)	mare	[meə(r)]

vaca (f)	cow	[kaʊ]
touro (m)	bull	[bʊl]
boi (m)	ox	[ɒks]

ovelha (f)	sheep	[ʃiːp]
carneiro (m)	ram	[ræm]
cabra (f)	goat	[gəʊt]
bode (m)	he-goat	['hiː-gəʊt]

| burro (m) | donkey | ['dɒŋkɪ] |
| mula (f) | mule | [mjuːl] |

porco (m)	pig	[pɪg]
leitão (m)	piglet	['pɪglɪt]
coelho (m)	rabbit	['ræbɪt]

| galinha (f) | hen | [hen] |
| galo (m) | cock | [kɒk] |

pata (f), pato (m)	duck	[dʌk]
pato (m)	drake	[dreɪk]
ganso (m)	goose	[guːs]

| peru (m) | tom turkey, gobbler | [tɒm 'tɜːkɪ], ['gɒblə(r)] |
| perua (f) | turkey | ['tɜːkɪ] |

animais (m pl) domésticos	domestic animals	[də'mestɪk 'ænɪməlz]
domesticado (adj)	tame	[teɪm]
domesticar (vt)	to tame (vt)	[tə teɪm]
criar (vt)	to breed (vt)	[tə briːd]

fazenda (f)	farm	[fɑːm]
aves (f pl) domésticas	poultry	['pəʊltrɪ]
gado (m)	cattle	['kætəl]
rebanho (m), manada (f)	herd	[hɜːd]

estábulo (m)	stable	['steɪbəl]
chiqueiro (m)	pigsty	['pɪgstaɪ]
estábulo (m)	cowshed	['kaʊʃed]
coelheira (f)	rabbit hutch	['ræbɪt ˌhʌtʃ]
galinheiro (m)	hen house	['henˌhaʊs]

138. Pássaros

pássaro (m), ave (f)	bird	[bɜːd]
pombo (m)	pigeon	['pɪdʒɪn]
pardal (m)	sparrow	['spærəʊ]
chapim-real (m)	tit	[tɪt]
pega-rabuda (f)	magpie	['mægpaɪ]
corvo (m)	raven	['reɪvən]

gralha-cinzenta (f)	crow	[krəʊ]
gralha-de-nuca-cinzenta (f)	jackdaw	['ʤækdɔ:]
gralha-calva (f)	rook	[rʊk]
pato (m)	duck	[dʌk]
ganso (m)	goose	[gu:s]
faisão (m)	pheasant	['fezənt]
águia (f)	eagle	['i:gəl]
açor (m)	hawk	[hɔ:k]
falcão (m)	falcon	['fɔ:lkən]
abutre (m)	vulture	['vʌltʃə]
condor (m)	condor	['kɒndɔ:(r)]
cisne (m)	swan	[swɒn]
grou (m)	crane	[kreɪn]
cegonha (f)	stork	[stɔ:k]
papagaio (m)	parrot	['pærət]
beija-flor (m)	hummingbird	['hʌmɪŋˌbɜ:d]
pavão (m)	peacock	['pi:kɒk]
avestruz (m)	ostrich	['ɒstrɪtʃ]
garça (f)	heron	['herən]
flamingo (m)	flamingo	[fləˈmɪŋgəʊ]
pelicano (m)	pelican	['pelɪkən]
rouxinol (m)	nightingale	['naɪtɪŋgeɪl]
andorinha (f)	swallow	['swɒləʊ]
tordo-zornal (m)	thrush	[θrʌʃ]
tordo-músico (m)	song thrush	[sɒŋ θrʌʃ]
melro-preto (m)	blackbird	['blækˌbɜ:d]
andorinhão (m)	swift	[swɪft]
cotovia (f)	lark	[lɑ:k]
codorna (f)	quail	[kweɪl]
pica-pau (m)	woodpecker	['wʊdˌpekə(r)]
cuco (m)	cuckoo	['kʊku:]
coruja (f)	owl	[aʊl]
bufo-real (m)	eagle owl	['i:gəl aʊl]
tetraz-grande (m)	wood grouse	[wʊd graʊs]
tetraz-lira (m)	black grouse	[blæk graʊs]
perdiz-cinzenta (f)	partridge	['pɑ:trɪʤ]
estorninho (m)	starling	['stɑ:lɪŋ]
canário (m)	canary	[kəˈneərɪ]
galinha-do-mato (f)	hazel grouse	['heɪzəl graʊs]
tentilhão (m)	chaffinch	['tʃæfɪntʃ]
dom-fafe (m)	bullfinch	['bʊlfɪntʃ]
gaivota (f)	seagull	['si:gʌl]
albatroz (m)	albatross	['ælbətrɒs]
pinguim (m)	penguin	['peŋgwɪn]

139. Peixes. Animais marinhos

brema (f)	bream	[briːm]
carpa (f)	carp	[kɑːp]
perca (f)	perch	[pɜːʧ]
siluro (m)	catfish	['kætfɪʃ]
lúcio (m)	pike	[paɪk]

| salmão (m) | salmon | ['sæmən] |
| esturjão (m) | sturgeon | ['stɜːdʒən] |

arenque (m)	herring	['herɪŋ]
salmão (m) do Atlântico	Atlantic salmon	[ət'læntɪk 'sæmən]
cavala, sarda (f)	mackerel	['mækərəl]
solha (f), linguado (m)	flatfish	['flætfɪʃ]

lúcio perca (m)	pike perch	[paɪk pɜːʧ]
bacalhau (m)	cod	[kɒd]
atum (m)	tuna	['tjuːnə]
truta (f)	trout	[traʊt]

enguia (f)	eel	[iːl]
raia (f) elétrica	electric ray	[ɪ'lektrɪk reɪ]
moreia (f)	moray eel	['mɒreɪ iːl]
piranha (f)	piranha	[pɪ'rɑːnə]

tubarão (m)	shark	[ʃɑːk]
golfinho (m)	dolphin	['dɒlfɪn]
baleia (f)	whale	[weɪl]

caranguejo (m)	crab	[kræb]
água-viva (f)	jellyfish	['dʒelɪfɪʃ]
polvo (m)	octopus	['ɒktəpəs]

estrela-do-mar (f)	starfish	['stɑːfɪʃ]
ouriço-do-mar (m)	sea urchin	[siː 'ɜːʧɪn]
cavalo-marinho (m)	seahorse	['siːhɔːs]

ostra (f)	oyster	['ɔɪstə(r)]
camarão (m)	prawn	[prɔːn]
lagosta (f)	lobster	['lɒbstə(r)]
lagosta (f)	spiny lobster	['spaɪnɪ 'lɒbstə(r)]

140. Anfíbios. Répteis

| cobra (f) | snake | [sneɪk] |
| venenoso (adj) | venomous | ['venəməs] |

víbora (f)	viper	['vaɪpə(r)]
naja (f)	cobra	['kəʊbrə]
píton (m)	python	['paɪθən]
jiboia (f)	boa	['bəʊə]
cobra-de-água (f)	grass snake	['grɑːs ˌsneɪk]

| cascavel (f) | rattle snake | ['rætəl sneɪk] |
| anaconda (f) | anaconda | [ænə'kɒndə] |

lagarto (m)	lizard	['lɪzəd]
iguana (f)	iguana	[ɪ'gwɑːnə]
varano (m)	monitor lizard	['mɒnɪtə 'lɪzəd]
salamandra (f)	salamander	['sælə̩mændə(r)]
camaleão (m)	chameleon	[kə'miːlɪən]
escorpião (m)	scorpion	['skɔːpɪən]

tartaruga (f)	turtle, tortoise	['tɜːtəl], ['tɔːtəs]
rã (f)	frog	[frɒg]
sapo (m)	toad	[təʊd]
crocodilo (m)	crocodile	['krɒkədaɪl]

141. Insetos

inseto (m)	insect	['ɪnsekt]
borboleta (f)	butterfly	['bʌtəflaɪ]
formiga (f)	ant	[ænt]
mosca (f)	fly	[flaɪ]
mosquito (m)	mosquito	[mə'skiːtəʊ]
escaravelho (m)	beetle	['biːtəl]

vespa (f)	wasp	[wɒsp]
abelha (f)	bee	[biː]
mamangaba (f)	bumblebee	['bʌmbəlbiː]
moscardo (m)	gadfly	['gædflaɪ]

| aranha (f) | spider | ['spaɪdə(r)] |
| teia (f) de aranha | spider's web | ['spaɪdəz web] |

libélula (f)	dragonfly	['drægənflaɪ]
gafanhoto (m)	grasshopper	['grɑːs̩hɒpə(r)]
traça (f)	moth	[mɒθ]

barata (f)	cockroach	['kɒkrəʊtʃ]
carrapato (m)	tick	[tɪk]
pulga (f)	flea	[fliː]
borrachudo (m)	midge	[mɪdʒ]

gafanhoto (m)	locust	['ləʊkəst]
caracol (m)	snail	[sneɪl]
grilo (m)	cricket	['krɪkɪt]
pirilampo, vaga-lume (m)	firefly	['faɪəflaɪ]
joaninha (f)	ladybird	['leɪdɪbɜːd]
besouro (m)	cockchafer	['kɒk̩tʃeɪfə(r)]

sanguessuga (f)	leech	[liːtʃ]
lagarta (f)	caterpillar	['kætəpɪlə(r)]
minhoca (f)	earthworm	['ɜːwɜːm]
larva (f)	larva	['lɑːvə]

Flora

142. Árvores

árvore (f)	tree	[tri:]
decídua (adj)	deciduous	[dɪˈsɪdjʊəs]
conífera (adj)	coniferous	[kəˈnɪfərəs]
perene (adj)	evergreen	[ˈevəgriːn]
macieira (f)	apple tree	[ˈæpəl ˌtriː]
pereira (f)	pear tree	[ˈpeə ˌtriː]
cerejeira (f)	sweet cherry tree	[swiːt ˈtʃerɪ triː]
ginjeira (f)	sour cherry tree	[ˈsaʊə ˈtʃerɪ triː]
ameixeira (f)	plum tree	[ˈplʌm triː]
bétula (f)	birch	[bɜːtʃ]
carvalho (m)	oak	[əʊk]
tília (f)	linden tree	[ˈlɪndən triː]
choupo-tremedor (m)	aspen	[ˈæspən]
bordo (m)	maple	[ˈmeɪpəl]
espruce (m)	spruce	[spruːs]
pinheiro (m)	pine	[paɪn]
alerce, lariço (m)	larch	[lɑːtʃ]
abeto (m)	fir	[fɜː(r)]
cedro (m)	cedar	[ˈsiːdə(r)]
choupo, álamo (m)	poplar	[ˈpɒplə(r)]
tramazeira (f)	rowan	[ˈrəʊən]
salgueiro (m)	willow	[ˈwɪləʊ]
amieiro (m)	alder	[ˈɔːldə(r)]
faia (f)	beech	[biːtʃ]
ulmeiro, olmo (m)	elm	[elm]
freixo (m)	ash	[æʃ]
castanheiro (m)	chestnut	[ˈtʃesnʌt]
magnólia (f)	magnolia	[mægˈnəʊlɪə]
palmeira (f)	palm tree	[pɑːm triː]
cipreste (m)	cypress	[ˈsaɪprəs]
mangue (m)	mangrove	[ˈmæŋgrəʊv]
embondeiro, baobá (m)	baobab	[ˈbeɪəʊˌbæb]
eucalipto (m)	eucalyptus	[ˌjuːkəˈlɪptəs]
sequoia (f)	sequoia	[sɪˈkwɔɪə]

143. Arbustos

arbusto (m)	bush	[bʊʃ]
arbusto (m), moita (f)	shrub	[ʃrʌb]

videira (f)	grapevine	['greɪpvaɪn]
vinhedo (m)	vineyard	['vɪnjəd]

framboeseira (f)	raspberry bush	['rɑːzbərɪ bʊʃ]
groselheira-vermelha (f)	redcurrant bush	['redkʌrənt bʊʃ]
groselheira (f) espinhosa	gooseberry bush	['gʊzbərɪ ˌbʊʃ]

acácia (f)	acacia	[ə'keɪʃə]
bérberis (f)	barberry	['bɑːbərɪ]
jasmim (m)	jasmine	['dʒæzmɪn]

junípero (m)	juniper	['dʒuːnɪpə(r)]
roseira (f)	rosebush	['rəʊzbʊʃ]
roseira (f) brava	dog rose	['dɒg ˌrəʊz]

144. Frutos. Bagas

fruta (f)	fruit	[fruːt]
frutas (f pl)	fruits	[fruːts]
maçã (f)	apple	['æpəl]
pera (f)	pear	[peə(r)]
ameixa (f)	plum	[plʌm]

morango (m)	strawberry	['strɔːbərɪ]
ginja (f)	sour cherry	['saʊə 'tʃerɪ]
cereja (f)	sweet cherry	[swiːt 'tʃerɪ]
uva (f)	grape	[greɪp]

framboesa (f)	raspberry	['rɑːzbərɪ]
groselha (f) negra	blackcurrant	[ˌblæk'kʌrənt]
groselha (f) vermelha	redcurrant	['redkʌrənt]

groselha (f) espinhosa	gooseberry	['gʊzbərɪ]
oxicoco (m)	cranberry	['krænbərɪ]

laranja (f)	orange	['ɒrɪndʒ]
tangerina (f)	tangerine	[ˌtændʒə'riːn]
abacaxi (m)	pineapple	['paɪnˌæpəl]

banana (f)	banana	[bə'nɑːnə]
tâmara (f)	date	[deɪt]

limão (m)	lemon	['lemən]
damasco (m)	apricot	['eɪprɪkɒt]
pêssego (m)	peach	[piːtʃ]

quiuí (m)	kiwi	['kiːwiː]
toranja (f)	grapefruit	['greɪpfruːt]

baga (f)	berry	['berɪ]
bagas (f pl)	berries	['berɪːz]
arando (m) vermelho	cowberry	['kaʊberɪ]
morango-silvestre (m)	wild strawberry	['waɪld 'strɔːbərɪ]
mirtilo (m)	bilberry	['bɪlbərɪ]

145. Flores. Plantas

flor (f)	flower	['flaʊə(r)]
buquê (m) de flores	bouquet	[bʊ'keɪ]
rosa (f)	rose	[rəʊz]
tulipa (f)	tulip	['tjuːlɪp]
cravo (m)	carnation	[kɑːˈneɪʃən]
gladíolo (m)	gladiolus	[ˌɡlædɪˈəʊləs]
centáurea (f)	cornflower	['kɔːnflaʊə(r)]
campainha (f)	harebell	['heəbel]
dente-de-leão (m)	dandelion	['dændɪlaɪən]
camomila (f)	camomile	['kæməmaɪl]
aloé (m)	aloe	['æləʊ]
cacto (m)	cactus	['kæktəs]
fícus (m)	rubber plant, ficus	['rʌbə plɑːnt], ['faɪkəs]
lírio (m)	lily	['lɪlɪ]
gerânio (m)	geranium	[dʒɪ'reɪnjəm]
jacinto (m)	hyacinth	['haɪəsɪnθ]
mimosa (f)	mimosa	[mɪ'məʊzə]
narciso (m)	narcissus	[nɑː'sɪsəs]
capuchinha (f)	nasturtium	[nəs'tɜːʃəm]
orquídea (f)	orchid	['ɔːkɪd]
peônia (f)	peony	['piːənɪ]
violeta (f)	violet	['vaɪələt]
amor-perfeito (m)	pansy	['pænzɪ]
não-me-esqueças (m)	forget-me-not	[fə'get mi ˌnɒt]
margarida (f)	daisy	['deɪzɪ]
papoula (f)	poppy	['pɒpɪ]
cânhamo (m)	hemp	[hemp]
hortelã, menta (f)	mint	[mɪnt]
lírio-do-vale (m)	lily of the valley	['lɪlɪ əv ðə 'vælɪ]
campânula-branca (f)	snowdrop	['snəʊdrɒp]
urtiga (f)	nettle	['netəl]
azedinha (f)	sorrel	['sɒrəl]
nenúfar (m)	water lily	['wɔːtə 'lɪlɪ]
samambaia (f)	fern	[fɜːn]
líquen (m)	lichen	['laɪkən]
estufa (f)	conservatory	[kən'sɜːvətrɪ]
gramado (m)	lawn	[lɔːn]
canteiro (m) de flores	flowerbed	['flaʊəbed]
planta (f)	plant	[plɑːnt]
grama (f)	grass	[grɑːs]
folha (f) de grama	blade of grass	[bleɪd əv grɑːs]

folha (f)	leaf	[liːf]
pétala (f)	petal	['petəl]
talo (m)	stem	[stem]
tubérculo (m)	tuber	['tjuːbə(r)]

| broto, rebento (m) | young plant | [jʌŋ plɑːnt] |
| espinho (m) | thorn | [θɔːn] |

florescer (vi)	to blossom (vi)	[tə 'blɒsəm]
murchar (vi)	to fade (vi)	[tə feɪd]
cheiro (m)	smell	[smel]
cortar (flores)	to cut (vt)	[tə kʌt]
colher (uma flor)	to pick (vt)	[tə pɪk]

146. Cereais, grãos

grão (m)	grain	[greɪn]
cereais (plantas)	cereal crops	['sɪərɪəl krɒps]
espiga (f)	ear	[ɪə(r)]

trigo (m)	wheat	[wiːt]
centeio (m)	rye	[raɪ]
aveia (f)	oats	[əʊts]
painço (m)	millet	['mɪlɪt]
cevada (f)	barley	['bɑːlɪ]

milho (m)	maize	[meɪz]
arroz (m)	rice	[raɪs]
trigo-sarraceno (m)	buckwheat	['bʌkwiːt]

ervilha (f)	pea	[piː]
feijão (m) roxo	kidney bean	['kɪdnɪ biːn]
soja (f)	soya	['sɔɪə]
lentilha (f)	lentil	['lentɪl]
feijão (m)	beans	[biːnz]

PAÍSES. NACIONALIDADES

147. Europa Ocidental

Europa (f)	Europe	['jʊərəp]
União (f) Europeia	European Union	[ˌjʊərə'pi:ən 'ju:nɪən]
Áustria (f)	Austria	['ɒstrɪə]
Grã-Bretanha (f)	Great Britain	[greɪt 'brɪtən]
Inglaterra (f)	England	['ɪŋglənd]
Bélgica (f)	Belgium	['beldʒəm]
Alemanha (f)	Germany	['dʒɜ:mənɪ]
Países Baixos (m pl)	Netherlands	['neðələndz]
Holanda (f)	Holland	['hɒlənd]
Grécia (f)	Greece	[gri:s]
Dinamarca (f)	Denmark	['denmɑ:k]
Irlanda (f)	Ireland	['aɪələnd]
Islândia (f)	Iceland	['aɪslənd]
Espanha (f)	Spain	[speɪn]
Itália (f)	Italy	['ɪtəlɪ]
Chipre (m)	Cyprus	['saɪprəs]
Malta (f)	Malta	['mɔ:ltə]
Noruega (f)	Norway	['nɔ:weɪ]
Portugal (m)	Portugal	['pɔ:tʃʊgəl]
Finlândia (f)	Finland	['fɪnlənd]
França (f)	France	[frɑ:ns]
Suécia (f)	Sweden	['swi:dən]
Suíça (f)	Switzerland	['swɪtsələnd]
Escócia (f)	Scotland	['skɒtlənd]
Vaticano (m)	Vatican	['vætɪkən]
Liechtenstein (m)	Liechtenstein	['lɪktənstaɪn]
Luxemburgo (m)	Luxembourg	['lʌksəmbɜ:g]
Mônaco (m)	Monaco	['mɒnəkəʊ]

148. Europa Central e de Leste

Albânia (f)	Albania	[æl'beɪnɪə]
Bulgária (f)	Bulgaria	[bʌl'geərɪə]
Hungria (f)	Hungary	['hʌŋgərɪ]
Letônia (f)	Latvia	['lætvɪə]
Lituânia (f)	Lithuania	[ˌlɪθjʊ'eɪnjə]
Polônia (f)	Poland	['pəʊlənd]

Romênia (f)	Romania	[ru:'meınıə]
Sérvia (f)	Serbia	['sɜ:bıə]
Eslováquia (f)	Slovakia	[slə'vækıə]

Croácia (f)	Croatia	[krəʊ'eıʃə]
República (f) Checa	Czech Republic	[ʧek rı'pʌblık]
Estônia (f)	Estonia	[e'stəʊnjə]

Bósnia e Herzegovina (f)	Bosnia and Herzegovina	['bɒznıə ənd ˌheətsəgə'vi:nə]
Macedônia (f)	Macedonia	[ˌmæsı'dəʊnıə]
Eslovênia (f)	Slovenia	[slə'vi:nıə]
Montenegro (m)	Montenegro	[ˌmɒntı'ni:grəʊ]

149. Países da ex-URSS

| Azerbaijão (m) | Azerbaijan | [ˌæzəbaı'dʒɑ:n] |
| Armênia (f) | Armenia | [ɑ:'mi:nıə] |

Belarus	Belarus	[ˌbelə'ru:s]
Geórgia (f)	Georgia	['dʒɔ:dʒjə]
Cazaquistão (m)	Kazakhstan	[ˌkæzæk'stɑ:n]
Quirguistão (m)	Kirghizia	[kɜ:'gızıə]
Moldávia (f)	Moldavia	[mɒl'deıvıə]

| Rússia (f) | Russia | ['rʌʃə] |
| Ucrânia (f) | Ukraine | [ju:'kreın] |

Tajiquistão (m)	Tajikistan	[tɑ:ˌdʒıkı'stɑ:n]
Turquemenistão (m)	Turkmenistan	[ˌtɜ:kmenı'stɑ:n]
Uzbequistão (f)	Uzbekistan	[ʊzˌbekı'stɑ:n]

150. Asia

Ásia (f)	Asia	['eıʒə]
Vietnã (m)	Vietnam	[ˌvjet'næm]
Índia (f)	India	['ındıə]
Israel (m)	Israel	['ızreıəl]

China (f)	China	['ʧaınə]
Líbano (m)	Lebanon	['lebənən]
Mongólia (f)	Mongolia	[mɒŋ'gəʊlıə]

| Malásia (f) | Malaysia | [mə'leızıə] |
| Paquistão (m) | Pakistan | [ˌpɑ:kı'stɑ:n] |

Arábia (f) Saudita	Saudi Arabia	['saʊdı ə'reıbıə]
Tailândia (f)	Thailand	['taılænd]
Taiwan (m)	Taiwan	[ˌtaı'wɑ:n]
Turquia (f)	Turkey	['tɜ:kı]
Japão (m)	Japan	[dʒə'pæn]
Afeganistão (m)	Afghanistan	[æf'gænıˌstæn]
Bangladesh (m)	Bangladesh	[ˌbæŋglə'deʃ]

| Indonésia (f) | Indonesia | [ˌɪndəˈniːzjə] |
| Jordânia (f) | Jordan | [ˈdʒɔːdən] |

Iraque (m)	Iraq	[ɪˈrɑːk]
Irã (m)	Iran	[ɪˈrɑːn]
Camboja (f)	Cambodia	[kæmˈbəʊdjə]
Kuwait (m)	Kuwait	[kʊˈweɪt]

Laos (m)	Laos	[laʊs]
Birmânia (f)	Myanmar	[ˌmaɪænˈmɑː(r)]
Nepal (m)	Nepal	[nɪˈpɔːl]
Emirados Árabes Unidos	United Arab Emirates	[juːˈnaɪtɪd ˈærəb ˈemərəts]

Síria (f)	Syria	[ˈsɪrɪə]
Palestina (f)	Palestine	[ˈpæləˌstaɪn]
Coreia (f) do Sul	South Korea	[saʊθ kəˈrɪə]
Coreia (f) do Norte	North Korea	[nɔːθ kəˈrɪə]

151. América do Norte

Estados Unidos da América	United States of America	[juːˈnaɪtɪd steɪts əv əˈmerɪkə]
Canadá (m)	Canada	[ˈkænədə]
México (m)	Mexico	[ˈmeksɪkəʊ]

152. América Central do Sul

Argentina (f)	Argentina	[ˌɑːdʒənˈtiːnə]
Brasil (m)	Brazil	[brəˈzɪl]
Colômbia (f)	Colombia	[kəˈlɒmbɪə]
Cuba (f)	Cuba	[ˈkjuːbə]
Chile (m)	Chile	[ˈtʃɪlɪ]

Bolívia (f)	Bolivia	[bəˈlɪvɪə]
Venezuela (f)	Venezuela	[ˌvenɪˈzweɪlə]
Paraguai (m)	Paraguay	[ˈpærəgwaɪ]
Peru (m)	Peru	[pəˈruː]
Suriname (m)	Suriname	[ˌsʊərɪˈnæm]
Uruguai (m)	Uruguay	[ˈjʊərəgwaɪ]
Equador (m)	Ecuador	[ˈekwədɔː(r)]
Bahamas (f pl)	The Bahamas	[ðə bəˈhɑːməz]
Haiti (m)	Haiti	[ˈheɪtɪ]

República Dominicana	Dominican Republic	[dəˈmɪnɪkən rɪˈpʌblɪk]
Panamá (m)	Panama	[ˈpænəmɑː]
Jamaica (f)	Jamaica	[dʒəˈmeɪkə]

153. Africa

| Egito (m) | Egypt | [ˈiːdʒɪpt] |
| Marrocos | Morocco | [məˈrɒkəʊ] |

Tunísia (f)	Tunisia	[tjuː'nɪzɪə]
Gana (f)	Ghana	['gɑːnə]
Zanzibar (m)	Zanzibar	[ˌzænzɪ'bɑː(r)]
Quênia (f)	Kenya	['kenjə]
Líbia (f)	Libya	['lɪbɪə]
Madagascar (m)	Madagascar	[ˌmædə'gæskə(r)]

Namíbia (f)	Namibia	[nə'mɪbɪə]
Senegal (m)	Senegal	[ˌsenɪ'gɔːl]
Tanzânia (f)	Tanzania	[ˌtænzə'nɪə]
África (f) do Sul	South Africa	[saʊθ 'æfrɪkə]

154. Austrália. Oceania

| Austrália (f) | Australia | [ɒ'streɪljə] |
| Nova Zelândia (f) | New Zealand | [njuː 'ziːlənd] |

| Tasmânia (f) | Tasmania | [tæz'meɪnjə] |
| Polinésia (f) Francesa | French Polynesia | [frentʃ ˌpɒlɪ'niːzjə] |

155. Cidades

Amesterdã, Amsterdã	Amsterdam	[ˌæmstə'dæm]
Ancara	Ankara	['æŋkərə]
Atenas	Athens	['æθɪnz]
Bagdade	Baghdad	[bæg'dæd]
Bancoque	Bangkok	[ˌbæŋ'kɒk]

Barcelona	Barcelona	[ˌbɑːsɪ'ləʊnə]
Beirute	Beirut	[ˌbeɪ'ruːt]
Berlim	Berlin	[bɜː'lɪn]
Bonn	Bonn	[bɒn]
Bordéus	Bordeaux	[bɔː'dəʊ]

Bratislava	Bratislava	[ˌbrætɪ'slɑːvə]
Bruxelas	Brussels	['brʌsəlz]
Bucareste	Bucharest	[ˌbuːkə'rest]
Budapeste	Budapest	[ˌbjuːdə'pest]
Cairo	Cairo	['kaɪərəʊ]

Calcutá	Kolkata	[koʊl'kɑːtɑː]
Chicago	Chicago	[ʃɪ'kɑːgəʊ]
Cidade do México	Mexico City	['meksɪkəʊ 'sɪtɪ]
Copenhague	Copenhagen	[ˌkəʊpən'heɪgən]
Dar es Salaam	Dar-es-Salaam	[ˌdɑːressə'lɑːm]

Deli	Delhi	['delɪ]
Dubai	Dubai	[ˌduː'baɪ]
Dublim	Dublin	['dʌblɪn]
Düsseldorf	Düsseldorf	[ˌdjuːsəl'dɔːf]
Estocolmo	Stockholm	['stɒkhəʊm]
Florença	Florence	['flɒrəns]

Frankfurt	Frankfurt	['fræŋkfɜt]
Genebra	Geneva	[dʒɪ'ni:və]
Haia	The Hague	[ðə heɪg]
Hamburgo	Hamburg	['hæmbɜ:g]

Hanói	Hanoi	[hæ'nɔɪ]
Havana	Havana	[hə'vænə]
Helsinque	Helsinki	[hel'sɪŋkɪ]
Hiroshima	Hiroshima	[hɪ'rɒʃɪmə]
Hong Kong	Hong Kong	[ˌhɒŋ'kɒŋ]
Istambul	Istanbul	[ˌɪstæn'bʊl]

Jerusalém	Jerusalem	[dʒə'ru:sələm]
Kiev, Quieve	Kyiv	['ki:ev]
Kuala Lumpur	Kuala Lumpur	[ˌkwɑ:lə'lʊmˌpʊə(r)]
Lion	Lyons	[li:ɔ̃]
Lisboa	Lisbon	['lɪzbən]

Londres	London	['lʌndən]
Los Angeles	Los Angeles	[lɒs'ændʒɪli:z]
Madrid	Madrid	[mə'drɪd]
Marselha	Marseille	[mɑ:'seɪ]
Miami	Miami	[maɪ'æmɪ]

Montreal	Montreal	[ˌmɒntrɪ'ɔ:l]
Moscou	Moscow	['mɒskəʊ]
Mumbai	Mumbai	[mʊm'bai]
Munique	Munich	['mju:nɪk]
Nairóbi	Nairobi	[naɪ'rəʊbɪ]
Nápoles	Naples	['neɪpəlz]

Nice	Nice	[ni:s]
Nova York	New York	[nju: 'jɔ:k]
Oslo	Oslo	['ɒzləʊ]
Ottawa	Ottawa	['ɒtəwə]
Paris	Paris	['pærɪs]

Pequim	Beijing	[ˌbeɪ'dʒɪŋ]
Praga	Prague	[prɑ:g]
Rio de Janeiro	Rio de Janeiro	['ri:əʊ də dʒə'nɪərəʊ]
Roma	Rome	[rəʊm]
São Petersburgo	Saint Petersburg	[sənt 'pi:təzbɜ:g]
Seul	Seoul	[səʊl]

Singapura	Singapore	[ˌsɪŋə'pɔ:(r)]
Sydney	Sydney	['sɪdnɪ]
Taipé	Taipei	[taɪ'peɪ]

| Tóquio | Tokyo | ['təʊkjəʊ] |
| Toronto | Toronto | [tə'rɒntəʊ] |

Varsóvia	Warsaw	['wɔ:sɔ:]
Veneza	Venice	['venɪs]
Viena	Vienna	[vɪ'enə]
Washington	Washington	['wɒʃɪŋtən]
Xangai	Shanghai	[ˌʃæŋ'haɪ]